博弈心理学

不懂博弈，如何立足天地

BOYI XINLIXUE

李世强 著

中国商业出版社

图书在版编目（CIP）数据

博弈心理学：不懂博弈，如何立足天地／李世强著．
—北京：中国商业出版社，2017.4
ISBN 978-7-5044-9809-0

Ⅰ．①博…　Ⅱ．①李…　Ⅲ．①心理学－通俗读物
Ⅳ．①B84-49

中国版本图书馆 CIP 数据核字（2017）第 069439 号

责任编辑：武文胜

中国商业出版社出版发行
010-63180647　www.c-cbook.com
（100053　北京广安门内报国寺 1 号）
新华书店经销
香河利华文化发展有限公司印刷
★★★★★
710×1000 毫米　1/16　18 印张　150 千字
2017 年 10 月第 1 版　2017 年 10 月第 1 次印刷
定价：38.00 元
★★★★★
（如有印刷质量问题可更换）

前　言

博弈的思想和实践古已有之，但那时，博弈大多停留在经验上，并未形成理论。直到20世纪初，博弈论才开始出现。从那之后，一百多年来，泽梅罗、E.波莱尔、冯·诺依曼、摩根斯坦以及约翰·纳什等科学家不断发展与完善博弈论述，才有了现在的博弈论。

博弈论的发展基本上经历了5个阶段，从早期博弈思想到现代博弈理论的基本形成、从博弈论的发展完善到博弈体系完全形成及其对社会各个领域的广泛应用和革命性影响。

1944年后，博弈论开始形成明确完整的思想和理论体系。在此之前，人们只是通过竞争和游戏对博弈有一点认识。1881年，英国经济学家埃奇沃斯出版了《数学物理：关于道德科学的数学方法应用》一书，提出了"契约曲线"的解法，博弈论开始初步形成。1913年，第一个博弈论定理——泽梅罗定理出现，这是一个仅适用于两人博弈的定理，在当时引起了巨大的反响。

1921—1927年，E.波莱尔发表了四篇关于策略游戏的文章，找到了两人博弈时3—5种可能情况下的最大解和最小解，现代形式的混合策略第一次被提出。1928年，冯·诺依曼发表文章证明了这一策略，该策略成为博弈论精华。1930年，F·泽尤森的《垄断问题与经济竞争》一书出版，他在书中着重讲述了讨价还价问题的解法，这一解法后来被证明与纳什的讨价还价解是相符的。这一阶段的博弈论尚处于萌芽阶段，并不适合运用于经济与政治方面。

1944年，美国普林斯顿大学著名数学家冯·诺依曼和经济学家摩根斯坦共同出版《博弈论与经济行为》一书，他们在书中详细阐述了当时博弈论的所有研究成果，并作出了深入研讨，使得博弈论正式成为一个学科，并广

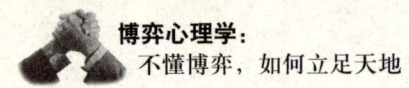

泛应用于数学与经济领域。20世纪50年代，博弈论进入了快速蓬勃发展的阶段。1950-1953年间，约翰·纳什先后发表了四篇论文，其中就有博弈论中最为重要的——纳什均衡理论，这为非合作博弈理论奠定了基础。

1957年—1959年，《博弈与决策》和《策略与市场结构：竞争、垄断与博弈论》相继问世，这两本博弈论书籍对博弈论的发展产生了深远的影响，博弈论正式被运用到了经济学中，现代博弈理论体系基本形成。

20世纪60年代时，博弈论的发展进入成熟期，这一时期博弈论专家不但对博弈论中的重要概念进行了详细阐述和证明，并扩充和完善了博弈解、稳定集以及核心要领等问题，博弈论体系进一步发展和完善。此时，博弈论与经济学、数学等学科紧密联合起来，双方关系更为持久牢固。

除此之外，博弈论还实现了地域性的重大突破，研究中心从原来的普林斯顿大学和兰德公司，延伸到了德国、以色列等多个国家。奥曼和马希勒提出的不完全信息博弈理论，为信息经济学的发展奠定了良好的理论基础。

20世纪七八十年代，博弈论的发展进入了突飞猛进的阶段，形成了一个内容丰富的完整体系。随着计算机技术的问世与发展，博弈论在生物学、计算机科学、道德哲学、经济学等学科的研究产生了巨大的影响，并在实践中得到了广泛传播，受到了很多人的接受与肯定。博弈论不再只局限于少数专业研究者的研究范围，开始变得大众化。

20世纪90年代以来，博弈论与现代经济学融为一体，二者相辅相成，不可分割。在主要经济学和经济理论杂志中经常能够看到有关博弈的精彩论述，对经学家来说，使用博弈论分析经济学已经成为了一种时髦。1994年，为表彰博弈论对经济学发展做出的巨大作用，特授予约翰·纳什、海萨尼、泽尔滕三位博弈论专家和经济学家"诺贝尔经济学奖"。

现在，随着社会的发展与进步，博弈论在各个领域的运用与影响也变得更加深远。尽管博弈论已经发展得相当完善，但仍有很多科学家在不断研究，相信未来博弈论会有更进一步的发展。

本书结合了很多著名的博弈论理论，以当下的案例为基础，为广大读者通俗易懂地讲解博弈论在生活和工作中的实践与运用。相信本书会对读者了解博弈论在现代社会中所起到的作用有一定了解，也希望本书能够为读者朋友在生活和工作中起到帮助作用。

目　　录

第一章　人生博弈：每一个人的一生就是一场博弈

唯有懂得博弈，才能在成功的路上劈波斩浪 …………… 003

机会不靠别人给，而要自己去创造 ………………… 006

我们要相信自己，我们也能创造奇迹 ……………… 010

强大内心，成为自己的大英雄 ……………………… 013

任何伟大的成就，最初都只是一个梦 ……………… 016

难以战胜，并不代表着不可战胜 …………………… 018

第二章　交际博弈：能否心想事成全靠一张嘴

一句话能把人说笑，一句话也能让人跳脚 ………… 025

聊天，多聊才知道里面的滋味儿 029

场面话，不管什么场，让对方有面 032

话锋不对，立刻转移，在"拐角"投其所好 036

说话要谨慎，并非谁都可以掏心掏肺 040

说话也要懂得"入乡随俗" 044

话不在于好坏，而在于是否顺耳 048

聊天时不可碰触他人的"污点" 052

第三章 职场博弈：来到公司就要懂得这里的法则

适时地低头，并不代表你很怂 059

职场懂得装傻，才是最聪敏的人 062

时刻保持微笑，爱笑的孩子有糖吃 064

初入职场，更要懂得相处之道 066

别太高估自己的学历，进入公司那只是张纸 069

隐藏不是默默无闻，该出手时要出手 072

在职场，多注意自己的言谈举止 077

办公司也是派系林立，一定要掌握其中博弈之道 081

目 录

第四章 管理博弈：驾驭下属没那么简单

越摆谱的领导，越没有员工愿为其效劳 087
管人要懂"攻心"，一句话就要让员工全力以赴 090
调动员工积极性，给予他们最多的赞美 093
领导是管理，别让自己成为了管家 095
信任员工，就给予他们充分的权利 098
员工是个将才，就给他一把锋利的宝剑 101
领导要懂关怀，别以为钱能收买一切 103
别太吹毛求疵，哪个员工能没些缺点 105

第五章 商场博弈：永远别让自己孤军奋战

多交朋友，就是在减少敌人 111
扩展人脉，先要学会以诚待人 113
让每一个人，都把我们当自己人 117
把对方归为一类，拉近彼此的距离 120
没有"关系"，商场之中举步维艰 124
没事混个脸熟，见面长不如常见面 126
吃些小小的亏，赢得一生的回报 130
人情重要，抢占先机同样重要 134

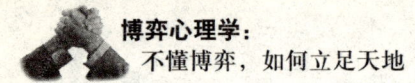

第六章　社会博弈：争得第一未必赢得天下

能赢得一时，未必赢得一世 141
一点成功就骄傲自满，博弈场上永远是输家 143
博弈不是为了突显自己，不要以自我为中心 147
博弈场上，切记狂妄自大 151
职场复杂，学会巧妙隐藏自己的实力 154
做人低调些，炫耀自己只会惹人厌烦 157
博弈不是争辩，争论不休将失去所有朋友 159
博弈的最高境界，体现在自己的心胸上 161

第七章　谈判博弈：胜败往往只在一瞬间

喜怒不形于色，才能当常胜将军 169
谈判就是博弈，激起对方欲望就是胜券在握 173
不懂心理学，不配坐在谈判桌前 177
第一句话，往往就决定了你的命运 181
谈判中，要懂得一点点的得寸进尺 184
别让情绪，毁掉一场谈判 187
博弈不等于话多，适时的沉默更具说服力 191

正面久攻不下，就要想办法"曲线救国" 194

给对手压力，迫使他主动"缴枪投降" 197

言语句句相逼，不给对手任何喘息时机 200

博弈有输赢，高手赢了也能让对方高兴 203

第八章　心理博弈：控制了对方内心，他将唯你是从

说服的重点，是要触动对方的内心 209

成为心理学家，你能卖出任何东西 212

看懂了表情，你就看透了他的心灵 216

紧盯对方双眼，眼神永远不会说谎 219

人的肢体，最能表露他的心声 223

语速的快慢，能带来无数信息 227

一个人的口头禅，就能听出他的性格 231

读懂内心，你将无所不能 235

说服是为得到认同，而非争论胜负 237

第九章　自我博弈：让坏情绪从思想中永远消失

我的情绪，我做主 243

人活着，不是只为了和别人"较劲" 245

别活得太敏感，让自卑淹没了心灵 250

扫除内心阴暗，阳光才能照进心扉 252

别想着依靠别人，挺直自己的腰杆 254

不懂忍耐，道路遍布荆棘 257

你不驾驭生命，生命就会驾驭你 259

看淡一切，随遇而安的生活 263

当改变不了世界时，想着去改变自己 267

悲伤或快乐，皆有我们内心而定 271

第一章 人生博弈：
每一个人的一生就是一场博弈

第一章　人生博弈：每一个人的一生就是一场博弈

唯有懂得博弈，才能在成功的路上劈波斩浪

人在世上走，总会有不顺心、不如意的时候；也会存在无所适从，甚至胆怯的时候。要想博弈成功，就要有超乎常人的勇气，有不畏困难勇往直前的气概，有失败后还能越战越勇的精神。在面对困境时，会博弈的人总能顶得住各种压力，敢于迎头而上。

亨利·亚兰是美国第三大汽车制造商——克莱斯勒公司的市场销售总监，从年轻的时候就在克莱斯勒公司做销售工作。

一个寒冷的冬天，亨利·亚兰跑了整整一个街区都没有推销出去一辆车，甚至没有人愿意打开房门，听一听他的介绍。

幸运的是，上帝没有辜负亚兰的勇气。他回到那个街区后，每一个拒绝他的人，都被他的这种不屈不挠的勇气所感染，结果售出了6辆新车。取得了前所未有的销售业绩！

第二天，当他到公司后，向同事们讲述了昨天开始所遭遇的失败，接着他又顺利地销售出6辆新车的过程。同事们都为他的勇气所折服。

这确是一个不平常的成就，而这个成就先是由失败引起的。那时亚兰在风雪中穿街过巷，跋涉了八个小时，却没有卖出一辆车。可是亨利·亚兰能够把我们大多数人在失败的情况下所感觉到的消极和恐惧，都化作义无反顾的勇往直前，并且取得了成功。亨利·亚兰也由此成了

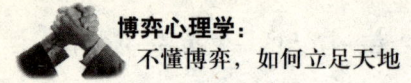
博弈心理学：
不懂博弈，如何立足天地

克莱斯勒公司的最佳销售员，并被提升为销售经理。

在那些真正的成功者中，没有一个人不是在博弈。但有时候很多人会忽视博弈的力量。

我们很希望成功，成功是实现愿望之后一种自信和满足的状态。但是成功需要敢闯敢试、敢打敢拼，这可不是每个人都具备的。因为闯荡就意味着要离开自己的父母亲人；离开多年熟悉的环境，去独自面对莫测的环境和未知的风险。因此，很多人怕承担风险，不敢闯荡，最后与成功失之交臂。

我们的人生需要去努力尝试，要有拼搏进取的精神，在目标的召唤下勇敢地去做、勇敢地去闯。虽然开始我们并不知道结果如何，但仍需要尝试、挑战，因为能拯救自己的只有自己。如果因为懦弱和恐惧，缩手缩脚或者等待命运女神的青睐，那么等来的只能是悲哀的结局。

在美国的一所中学，有一个中国孩子和一个美国孩子在星期天一起去爬山，由于风化所致，那座山时常有岩石坍塌。这两个孩子很不幸，在要下山的时候遭遇了坍塌。特别是那个美国孩子被碎石砸伤了，一动就疼痛难忍。

很快就天黑了，夜里他们饥寒交迫，头晕目眩，甚至会有被野兽袭击的可能。中国孩子因为担心恐惧，只是被动地等待着。而那个美国孩子却开始勇敢地尝试着，尽管疼痛刺骨，他还是用手支撑着自己的身体，慢慢地向岩石堆上爬去。就在他快要爬上最大的那块岩石时，他的伤腿碰到了岩石的棱角，剧痛让他重新跌落下来。这个美国孩子躺在岩石堆里，大口大口地喘着气。

就在他几近绝望的时候，他想到自己不能这样坐以待毙，因为寒冷开始让自己的身体变得麻木。再这样麻木下去，后果不堪想象。于是，

第一章 人生博弈：每一个人的一生就是一场博弈

他又开始了一次勇敢的尝试。后来，他终于爬上了岩石，但是，下面是否安全他完全不知道。可是，他豁出去了，他什么也不想，闭上眼睛就滚落下去。

最终，他得救了。经过检查：这个美国孩子左腿胫骨骨折，在滚落岩石的时肋骨也折断了两根……得益于这个美国孩子的及时求助，人们找到了那个因为恐惧而奄奄一息的中国孩子。再晚来一会儿，他很可能就会失去生命。

勇于拼搏的人更易获得成功。在成长的过程中，不论是自然环境还是社会环境，总有一些意想不到的困难在等待着考验你，只有勇敢去闯的人，才会最终走向成功。特别是习惯于依赖父母，在温室中长大的年轻人，要消除自己的一身娇气，敢闯敢拼，敢于吃苦，才能增加自己成功的筹码。

勇者无惧，未来属于勇者。当你遇到困难的时候，要有豁出去的胆量。因此，尽量不要理会那些使你认为你不能成功的疑虑，勇往直前，哪怕最终失败也要去做做看，其结果往往并非真的会失败。否则，你永远只能是温室的黄豆芽。

当然，强者不是天生的，强者也并非没有软弱的时候，强者之所以成为强者，就在于他善于战胜自己的软弱，用信心战胜困难。

当球王贝利刚来到巴西桑托斯这支著名的足球队时，那种紧张和恐惧的心情，简直没法形容。

贝利在后来回忆说："训练开始了，我紧张到快要瘫痪的地步。"因为贝利原本以为像他这样的新人，刚到球队时不过只是练练球、传传球。哪想到，刚来没多久，教练就让他上场比赛。而且他还是主力中锋。紧张的贝利在毫无准备的情况下，就这样登上了绿茵场。当每次队

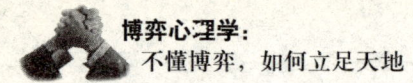

友将球传给他时，那足球在他眼里仿佛变成了敌人的拳头，让他感到畏惧。

这样的情况持续了好几场球。贝利感觉到自己很失败，在球场上有度日如年的感觉。但伴随着比赛越来越多，他的进球欲望越来越强，使他忘记了以前的那些恐惧，甚至忘记了对手的存在。他的眼中只剩下足球。

随着贝利的渐入佳境，队友对他的认可，他的恐惧心理也逐渐烟消云散，进球也越来越多。而且他发现，那些在他眼中的大牌明星并没有想像中的冷漠高傲，反而很和蔼可亲。原来以前那些的幻想，都来自于自己的恐惧。

可见，畏惧这种心病，还需"心药"医。这药的配方就是冷静地剖析自我，选择勇敢，选择无畏。

勇往直前者，才会无往而不胜。懂得博弈的人才能敢于应对挑战，才能把一个个奇迹变成现实，把一个个不可能变为可能。要想在社会上博取成功，就是要有勇往直前那样的气概，就是要以非凡的勇气和不达目的决不罢休的气势，劈波斩浪，勇往直前。

机会不靠别人给，而要自己去创造

机遇不是别人给的，而是自己创造的。精明的头脑不仅可以创造机遇，

第一章　人生博弈：每一个人的一生就是一场博弈

还可以将不利因素转变为有利因素。成功的人善于开动脑筋，从困难中、从人们不为所重的事情中发现、创造机遇。

每个人都渴望成功，因此，他们对机遇的渴求更甚。殊不知，机遇不会凭空而降，与其空等，不如自己创造机遇。

一个人一生会碰到很多困难的事情，或者是退让，或者是挺进，这两种不同的选择自然导致不同的结果。有些人则有一股韧劲，对待自己认准的事，大胆而果敢地去做下去，这叫气魄。

亚历山大在某一次战斗胜利后，有人问他，是否等待机会来临，再去进攻另一座城市，亚历山大听了这话，竟大发雷霆，他说："机会？机会是要靠我们自己创造出来的。"创造机会，便是亚历山大之所以伟大的原因。因此，唯有去创造机会的人，才能建立轰轰烈烈的丰功伟绩。

不少人认为，机会是打开成功大门的钥匙，一旦有了机会，便能稳操胜券，走向成功。但事实并非如此。无论做什么事情，就是有了机会，也需要不懈的努力，这样才有成功的希望：坚持不一定成功，放弃一定是失败！

上天对待每个人其实都是很公平的，不会唯独对某个人不好或者对某个人好，可为什么会总是有一些人埋怨上天不眷顾他呢？道理很简单，就是当机会来临的时候，很多人总是以为那不是自己的，犹豫了，退缩了，结果与成功失之交臂，一辈子都是平平淡淡，没有什么惊心动魄。

如果一个人做一件事情，总要等待机会，那是极其危险的，一切努力和希望，都可能因等待机会而付诸东流。

没有商机是许多创业者感到苦恼的事情，他们觉得好的机会都被别人抢先一步夺走了，自己蓄满了力量，就是无法得到发展事业的机会。这样的想

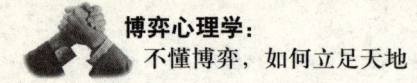
博弈心理学:
不懂博弈,如何立足天地

法是被动的,因为生意不是等来的,而是要靠敏锐目光去发现的。李嘉诚曾说过:"精明的商家可以将商业意识渗透到生活的每一件事情中去,甚至是一举手一投足。充满商业细胞的商人,赚钱可以无处不在、无时不在。"

机会总是垂青有准备的人,作为企业的管理者,必须要眼光独到,能善于发现商机。管理者想要为自己的企业带来更好的发展,开拓出更多的业务,就必须学会捕捉商机,因为商机不会平白无故地从天上掉下来。

李嘉诚认为做生意就好比指挥作战,瞄准时机才能取得先机,占得上风。

在改革开放以后,中国的各项事业都有了突飞猛进的发展,可谓欣欣向荣、蒸蒸日上。在这时,李嘉诚发现中国内地市场对于港商或者是外商来说完全是一片空白,李嘉诚认为中国的内地市场很有发展潜力,他毅然决然地挺进中国内地市场,他坚信这片土地能发挥无穷的潜力。

在李嘉诚的决策下,他的企业携带百佳和屈臣氏进入了中国内地的零售市场,成为首家登陆中国内地的港资零售商。1989年4月,和黄旗下的屈臣氏在北京开了内地的第一家分店。李嘉诚的眼光果然独到,他没有看错内地市场的巨大潜力,内地市场给了李嘉诚无比丰厚的回报。

当时,中国的政策还刚刚放开,很多港商和外资企业虽然也觉得中国内地市场有利可图,但他们对中国内地政府刚刚开放的零售业市场不敢轻易下结论,便一直持观望态度。但李嘉诚可不那么瞻前顾后,他认为中国内地的人口众多,随着中国经济的发展,人们的消费水平会越来越高,零售业的发展空间是很大的。如果不趁早进入中国内地市场,那么等到中国内地市场的零售业发展起来,就没有商机了。

就这样,李嘉诚成为香港企业界进军内地市场的第一人,他在中国内地开的第一家店比家乐福在中国内地开的第一家还要早11年,李嘉

第一章 人生博弈：每一个人的一生就是一场博弈

诚成为第一个吃螃蟹的人，并且吃得很成功。在成功打入中国内地的零售业市场之后，李嘉诚并没有就此满足，他通过观察和分析之后，又将自己企业的发展目标定在了中国内地的房地产业上。李嘉诚觉得中国内地人口众多，但住房却并不多，在人们的经济有所增长之后，必然会对生活质量的要求有所提高，到那个时候，房地产业的发展势头会越来越好。

李嘉诚认为房地产业会是个挣钱的好机会，所以在一番权衡之后，于1992年通过长安街王府井东方广场的项目高调杀入中国内地的房地产界。而事实也再次证明了李嘉诚的分析判断是准确的，在几年之后，李嘉诚成为地产界的大亨，而中国内地的地产业也蓬勃发展起来，李嘉诚再次赢得了商机。

对于一个目光敏锐的人来说，处处都是商机。敢于大胆去做的人常说："我总有机会！"而失败的人借口是："我没有机会！"失败者常常说，他们之所以失败是因为缺少机会，是因为没有成功者垂青，好位置就只好让别人捷足先登，等不到他去竞争。

可是有眼力的人决不会找这样的借口，他们不等待机会，而是靠自己的努力去创造机会。他们深知，惟有自己才能给自己创造机会。

一个贫瘠的村子里，农民们大多靠种地为生，其中一个农民头脑灵活，他认为种玉米、土豆并不能满足自己挣钱的欲望，他便开始寻找其他的商机。有一年，政府给每个村都修了公路，这个农民灵光一闪，他开始在山上承包了一块荒地种苹果树。村里的人都笑话他，觉得他是瞎折腾。可是没想到一年过后，这个农民的苹果大丰收，他把苹果卖给了城里的果商，自己大赚了一笔。

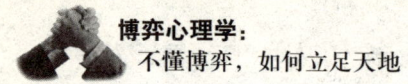
博弈心理学：
不懂博弈，如何立足天地

看到种苹果树可以挣钱，村里的其他农民也纷纷种果树，但那个农民却不再种果树，而是在村里修建工厂，到来年大家的果树都结出果实，他便收购了大家的苹果，放进他的工厂里加工成了各种食品。

由此可见，只要有一颗敏锐的心，总会看到商机的存在。但是比知识重要的是思维，比思维重要的是悟性。万物有法，需要用心去悟才能真正得法。经营之道也在于悟，在于对市场的灵动悟性。想要发现商机，一定不要像没头苍蝇一样乱撞，要学会思考。

如果李嘉诚没有将目光投远，只盯着眼前的那一点点微薄利润，那他就不可能发展成华人首富。李嘉诚从创业开始就一直在认真细致地寻找机会，然后将发掘到的每一个生意都经营到最好。

机遇对每个人都是公平的。当机会来临的时候需要我们主动地伸出手去；当困境不期而至的时候需要我们积极地迎接它的挑战，并用自己的智慧和勇气去战胜它！困境是个欺软怕硬的东西，你强了它就弱了，你弱了它反而强了。所以，任何时候都不要坐以待毙，去博弈一把，这样就能改变自己的命运。

我们要相信自己，我们也能创造奇迹

很多心灵脆弱的人，生活得很累很颓废。为什么？这是因为他们往往不愿意去博弈、拼搏，不愿意相信自己能够成功、能够创造奇迹，总觉得创造

第一章 人生博弈：每一个人的一生就是一场博弈

奇迹是属于那些伟大的人。但其实，能创造奇迹的人并不一定都是伟大的，只是他们都相信自己能够创造奇迹。这不是一种巧合，而是一种积极的心理暗示，这种暗示往往会让人收获成功，迸发出超越他人的力量。有些奇迹是很难让人相信的，但是人类却依靠自己的吸引力不断让奇迹在身边上演着，比如飞机上天、登月、探查火星等，这些都是以前人们不敢想象的，但是现在我们却一一实现了。社会仍然在不断向前发展，必然还会有更多的奇迹出现，只是等待我们去创造罢了。

我们都知道存在决定意识，但我们也常常会为意识的产生而纠结，因为意识的产生很难用常规思路来解答。在实际生活中我们体会过一种现象，那就是预感，其实，预感恰恰就是潜意识发挥效应的所在。

1948年，苏联有一位名叫迈兴的预言家要到阿什哈巴德演讲，但是他刚来到这里，就被一种不安的情绪所笼罩，最终，他只得选择离开。

没想到，三天之后，阿什哈巴德就发生了大地震，而这场地震共造成5万多人丧生。

预感是由一种潜意识在发生作用，它可能让我们感到不安、恐惧等，而这种潜意识就促使我们及时采取行动，避免灾难发生。预感有时候也被人称作第六感，很多人都有过这样的经历，就是一直在想某人的时候，他就会不经意地出现。

这种现象不能单单以巧合来进行解释，更应该说是潜意识的一种外在表现。潜意识就是产生预感的最根本原因。

潜意识和显意识都是意识，潜意识存在于我们的大脑之中，只是我们很难判断出潜意识是否是真实存在的。但在某种特殊情况下，潜意识往往会发挥出巨大能量，让我们能够能动地、积极地不断向着成功的方向迈进。

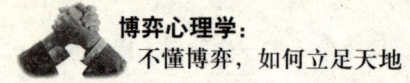

博弈心理学：
不懂博弈，如何立足天地

很多时候，我们的能力需要被唤醒，而唤醒我们能力的就是潜意识。有时候，我们做梦的时候，会发现潜意识在为我们制造着各种各样的梦境，有的时候我们还会被自己的梦境所惊醒。这时，潜意识的吸引力就会不断展现出来，进而装满我们整个大脑。

在现实生活中，只要我们坚持自己想要得到的，并且不断地让这件事情吸引我们的注意力，我们就会为这件事情投去更多的重视目光。有了这样的吸引力，再加上我们坚持不懈的努力，我们想要实现的梦想就会成为现实。

我们的潜意识具有一定的吸引力，有的人看到这句话也许会问，既然我们的潜意识有吸引力，为什么我们想要吸引金钱却吸引不到呢？我们活在当下，所要面对的是形形色色的现实问题，如果我们仅仅像童话中的阿里巴巴一样，念一句"芝麻开门"，金钱就会源源不断地装进我们的口袋，这样的事情显然是不可能的。

我们每个人都是机会的创造者，关键是在于愿不愿意去创造。很多人想要强大富有，但是却没有被自己的这种潜意识所吸引，反而听之任之，不去发挥自己的主观能动性，最后的结果只能是非常可悲的。

日本医学博士兼量子力学专家江本胜通过对水结晶的研究发现，人能发出无形的意识，而这种看不见、摸不着的意识会影响到外在物质，让其发生变化。

江本胜博士的实验表明：如果人们对瓶子里的水发出的潜意识是爱和感谢的时候，瓶子里的水就会变成非常漂亮的六角形结晶；如果人们对瓶子里的水发出的潜意识是愤怒和悲伤的时候，瓶子里的水就会变得非常散乱、破碎。

很多世界著名的量子物理学家经过研究发现，人类的潜意识和宇宙的物质休戚相关。潜意识也是能量的一种，而这种能量能对我们周围的能量和物质产生影响，并且引起变化。

著名科学家爱因斯坦曾说："想象力是一切！它是你生命中即将被吸引来的结果之预演。"所以，你所发出的潜意识就是你想要的结果，不管这样的结果是好是坏，这都是你自己所引发的。

如果我们总是想象天堂的样子，那么，我们的身边就会呈现出天堂的美好；如果我们总是想象地狱的样子，那么，我们将会厌恶身边的所有东西。

中国人常说，相由心生。很多时候，成功也是如此，只有我们心里敢于去想，不断被自己的潜意识所催化，我们在心中才会产生一种奋进的动力。潜能往往会在我们出现瓶颈的时候出现，促使我们卸下疲惫，向着梦想的远方不断迈进。

强大内心，成为自己的大英雄

每个人的孩提时代，都有着一个英雄梦，但随着岁月的增加，社会的磨练，逐渐接受了现实，也把英雄这个称呼当作是别人的代名词，和自己毫无相关。但我们是否想过，每一个英雄都不是看上去那么风光。看武侠小说时，当看到郭靖成为大侠和英雄时，他风光背后，是他痴迷于武学的精神，是他用一生奉献给国家的那种热忱传递给人民不败的信念……如果我们每一个人都能够不断地磨练，不断地坚持，我们也会成为英雄。哪怕不是世间所崇拜的英雄，也会成为自己的大英雄。每一个人都有成功的潜力，关键是你

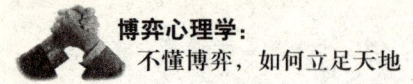
博弈心理学：
不懂博弈，如何立足天地

内心是否做好了付出的准备、是否能够勇敢地挑战自己。

当一些人被问及最近过得怎样时，他们的回答几乎都是千篇一律："马马虎虎，混口饭吃""能怎样啊，还是小职员一个……"为什么答案总是这么一致？除一些人出于谦虚之外，而另一些人就是因为他们的惰性心理，安于现状不想去迎接新的挑战所致。

美国有一个男孩，出生时就被确诊为智障，所以遭到了父母的遗弃。好在他长大一些的时候，他原先被认为是智障的结论被推翻了。当然，新的结论也好不到哪里去——"经过确认，这是一个可以接受教育的智障儿童。"他就这样顽强地上了小学，又上了中学。

他智力是有问题，但是，一个人再不幸也不能成为他自暴自弃的理由。他觉得上帝既然让他来到这个世界上，最终的结果肯定不是看着他因为现实的残酷而含恨自杀。他受过太多人的嘲笑，但这并不能打消他积极进取的念头。正如他上中学时有一位老师跟他说过的那句话一样："不要因为别人说你是什么样子，你就真的以为自己是什么样子。"

他要战胜自己，不仅要通过自己的努力改变别人对自己的看法，更重要的是要改变自己对自己的看法——起初别人认为他是智障，他自己也认同了，但是现在他不这样想了。他要通过战胜自己来向世人宣布：我不仅不是没用的智障，而且要比一般人都要成功！

他做了一个惊人的决定：参加演讲会。他想讲述自己的遭遇，通过演讲来激发每一个身处不幸的人奋发向上的力量。然而，当他打电话给组织演讲的相关机构时，他得到的几乎都是拒绝。没错，他没有气质，没有个人魅力，没有丝毫的演讲经验，更没有让人热血沸腾的动人事迹。他只是一个平凡的智障者，仅此而已。

这时候，他也曾想到放弃，坚持这事本来就挺痛苦的，尤其是连一

第一章 人生博弈：每一个人的一生就是一场博弈

个支持者都没有的时候，一个人会因为觉得无助而倾向于放弃。但是他不甘心，他不想做正常人想象中那样的智障者：做着一些很简单的事情来打发自己的一生。

谁说智障就不能当演说家？上帝没有定这个规矩。

受到拒绝后他仍然打电话，有时候每天从早到晚要打出一百多个电话。他习惯把听筒放到左耳，久而久之，电话打得连他自己都数不清了。听筒不断地跟左耳产生摩擦，最后他的左耳竟然结出了厚厚的茧子。

他的坚持终于有了结果，被相关机构接纳，开始了他的演讲生涯。现如今的他，每次演讲的酬劳高达每小时2万美元，并且在美国享有最受欢迎的励志演说家的美誉。当他接受媒体采访的时候，他曾经很幽默地指着自己左耳上面的老茧说："这个老茧可不简单，比一般的钻石还要贵重，因为它值好几百万美元！"

他就是莱斯·布朗，全美著名的激励大师。

有些人总是为自己的失败找理由来开脱，他们会说自己之所以不成功，是因为他人或者社会的某些原因。但是，莱斯·布朗这位曾经因为智障而遭到父母遗弃的演说家，却取得了一般人难以取得的成功。因为他没有抱怨命运的不公，而是不断地战胜自己。只有真正地战胜自己，才能够在困苦中集中时间和精力来重整旗鼓，发起对挫折和失败的下一轮进攻。一个人只有战胜自己，才能够拥有全新的人生。

没有人生来就拥有一切，也没有人不能够拥有一切。那些对成功怀有强烈的雄心、拥有使自己变得更好的渴望并勇于不断挑战自己的人，能够激发内在蕴藏的能力，从而比他人更容易获得成功。

老子说："知人者智，自知者明；胜人者有力，自胜者强。"聪明人

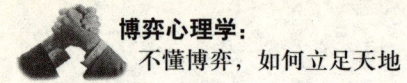

博弈心理学：
不懂博弈，如何立足天地

了解别人，但了解自己的人才是拥有大智慧的人；战胜别人其实不是最强大的，真正强大的人是那些能够战胜自己的人。

强大你的"向心力"，不断挑战自己，相信你一定会成为大英雄。即使你无法成为大英雄，你的生活也将不再灰暗，因为每天都有挑战、每天都有期待，这样的生活又怎能不是有活力、有希望的呢？

任何伟大的成就，最初都只是一个梦

任何人都不能忘却自己的梦想。没有梦想的人生是灰暗的人生，也绝不会是成功的人生。那些敢于做梦并身体力行的人才会成为成功的人。

有形的世界一定会受到无形世界的制约，因此一个人内心的梦想在其人生中会起到很大的作用。人类不能忘却自己的梦想，不能在没有理想的状态下生活，社会在人类理想的指引下不断前进，理想在全体人类的努力下，有朝一日一定会变成现实。

音乐家、雕塑家、画家、诗人和哲学家，等等，这类追逐梦想的人都是未来世界的创造者，是天堂的建筑师。这个世界之所以绚丽多姿，他们的付出功不可没，离开了他们，人类世界将变得暗淡无光。那些敢于去想，并努力去做的人，都成就了一番光辉熠熠的事业。哥伦布先是在内心有了想发现另外一个世界的愿望，随后他才能在这种思想的鼓舞下去发现那个世界；哥白尼有了太阳中心说的理论，随后他才能向整个社会阐述自己的学说。

任何伟大的成就的得来，在最初的时刻都源于内心的一个梦或者一种

第一章 人生博弈：每一个人的一生就是一场博弈

理想。橡树在破土而出前只能沉睡在树籽中，小鸟破壳前唯有在蛋中耐心等待。那些刚开始只存在于心中的至高理想，一旦破壳而出振翅高飞，就会在天空中获得天使的拥抱。我们的现实环境或许不会比别人多么优越，甚至更加的困难，但是只要我们心中有自己的理想，并且坚持努力、不言放弃，那么，我们的现实环境终将改变。要记住，一个内心没有理想的人，生活就如原地踏步，终不能前进。

有一位贫穷的年轻人，为了生计很长时间在一个条件很差的车间做工。他没有读过多少书，更没有那些出众的手艺和技巧。但是，他却一直梦想自己有一个不平凡的未来。他在内心深处为自己勾画出了理想的生活情况。他渴望学习知识，渴望变得高雅，渴望拥有美丽的人生。这些美好在他内心深处生根发芽，使他萌动，赋予了他行动的动力。于是他利用所有的空余时间去补充完善自己。

很快，他的脑海里面没有了那些不思进取的想法，外界的环境也不能够阻止他火一般的热情。那个小小的车间再也不能成为阻止他梦想的"绊脚石"。他的收获越来越多，潜能也逐渐被激发了出来，机会随之也越来越多。

一晃几年的时间过去，这位年轻人已经焕然一新地站在大家面前，他成了一位成熟稳重的企业家。每一个人都能够从他的谈吐和外在中感受到一种力量，他也能够熟练地利用这力量为自己的理想服务。在人们的眼中，他是一位有远大抱负的青年，并且他可以肩负起别人的重托。他自豪地谈到自己人生的改变，人们乐意倾听他的建议，认可他的思想，并且接受他的指导。无数人的命运已经与他相关联，在人群的簇拥下，他如一颗冉冉升起的新星，有无限美好的未来。

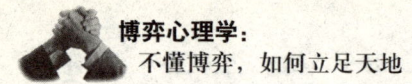

最初的时候,这个年轻人的生活窘迫潦倒,他的生活也一定只有一种活法——坚韧地生活。但正是因为怀揣理想,并且锲而不舍地追求,所以,他坚韧的活法终于变得洒脱起来。

开始构思人生的时候,千万不要忘了你的理想,不要忘了拨动你的心弦,要仔细呵护幼小的思维火苗,小心培育你至纯至善的思想,它们能为你的成功创造必要条件。你要不断对它们施以真心,它才会让你生命变得更加美好。有了愿望,人才会不断奋进;有了追求,人生才会有所成就。那高尚的梦想,只要你愿意为之努力,正如你所梦想的,我们会得到你想要的。

人都有权利在内心组建一个美好的构想并且通过努力加以实现。我们需要经常把所有的心思都用在这上面,我们双手收获的就是自己思想的果实。我们将得到你努力挣得的,既不会多也不会少。无论我们目前所处的境况如何,我们都会在自己思想的指导下前进或后退,或是维持原状,我们将逐渐变得伟大或卑微。

难以战胜,并不代表着不可战胜

爱迪生说过:"要战胜厄运,首先要战胜自己的软弱。"很多人不能从厄运中走出来,原因之一就是因为他不能够战胜自己的软弱。其实何止是在罹患厄运的时候,在任何情况下,我们需要做的都是要战胜自己。人的一生之中,最难的事情其实也就是这一件。这不由让我们想起一个故事。

第一章　人生博弈：每一个人的一生就是一场博弈

从前有一个人，他觉得自己的力气是最大的，所以到处找人挑战。有时候他还会把寺庙里的一尊大佛扛下来放到街上，让来往的车辆过不去，直到车主向他求饶，说他确实力大无穷，他才会哈哈大笑着把佛像从路中间移走。

突然有一天，来了一个外乡人。他刚到这个地方就听到人们纷纷议论这个大力士。外乡人觉得这个大力士力气大固然好，但凭借力气大就不断地给周围的百姓制造麻烦就不对了。外乡人力气也很大，所以决定羞辱这个人一下，让他以后不敢再这样猖狂。

大力士接受了外乡人的挑战，于是两个人在这方圆百里中最繁华的市镇摆了擂台。来观战的人实在是太多了，人山人海，摩肩接踵。他们虽然都希望外乡人能赢，但是大力士也不是怎么好惹的，所以有的人也暗暗在心里替这个挑战的外乡人捏一把汗：如果挑战失败，还不知道大力士会怎么教训他。

比赛开始，大力士举起了两个铜质的大鼎，一手一个，每个鼎至少有五百斤重。大力士举着两只鼎在擂台上走了一圈，重新把它们放回原处。虽然他流了一些汗，呼吸也稍微有些急促，但是体力很快就恢复了。果然足够勇猛！

而外乡人却将两只铜鼎摞在一起，单手就举了起来。刚一举起来，台下就传来人们的一片惊呼。不光如此，外乡人先将两只鼎用左手举，随即换到右手，并且在擂台上边换手边走，足足走了有五圈！

胜负已定，那个大力士输了。大力士不甘心，可是自己的力气明显没有这个外乡人大。他急得不知道该说什么了，最后竟然冒出一句："有能耐你把你自己给举起来！"

是的，这个外乡人力气再大，也不能把自己给举起来。

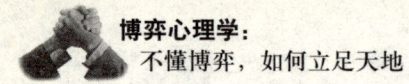
博弈心理学：
不懂博弈，如何立足天地

本来，故事里的这个输了比赛的大力士是在强词夺理，但是这句话如果细细琢磨，也颇值得玩味——无论一个人有多么强大，他最难战胜的还是自己。

难以战胜不等于不可战胜。所以，真正能战胜自己的人，就成了古往今来最成功的人。而另外一个人，正因为无法战胜自己，所以不能够成为一个真正的强者。

战胜自己，就要和自己的缺点做斗争。每个人都有自己的缺点，关键是能不能认清它们并通过努力加以改正。比方有的人比较懒惰，那就要让自己学得勤快一点。可能就因为改变了这一点，就受到了老板的赏识，从而被提拔，又是表扬又是加薪。再比方有的人比较软弱，那就要锻炼自己的毅力，让自己变得刚强，从而在再次遇到困难的时候不会再打退堂鼓。可能就是因为这一次没有退缩，就在勇往直前的拼搏中得到了属于自己的一片天地。

面对艰难困苦的时候，我们更应该战胜自己。

一个爱抱怨上天不公的人，与其抱怨，还不如自己咬紧牙关不懈奋斗。因为就算你抱怨上天一百次，你的命运也不会因此而好一点，只有真真切切地努力才能改变自己的命运。谁也不是天生就运气好的人，在我们眼中衣着光鲜、腰缠万贯的人，之前很可能就是一个穷小子。我们不能只看到别人的幸福而忽略掉他为了这一天曾经吃过多少苦、受过多少累。

总想着不劳而获不能取得成功，只有通过奋斗才能够获得成功。即便是有机会不经过自己的努力而得到了一些东西，也是不牢固的，说不定哪一天这些东西就会失去。只有通过自己的付出得到的果实，才不会轻易地从你手上溜走。

老子说过："胜人者有力，自胜者强。"没错，能战胜别人的人只能算是有力的人，而只有连自己都能够战胜的人，才算是真正的人中强者。

总之，要战胜自己，就要战胜自己所有的缺点。不管是自己正处在困顿

第一章 人生博弈：每一个人的一生就是一场博弈

当中，还是正在经历挫折和失败，都不应该灰心丧气。面对所有的不如意，要让自己保持一个沉稳冷静的心态。只有这样，才能够从容面对人生中的各种不尽如人意的未知。否则，就会因为失败而一蹶不振，而忘掉失败是每个人在生活中都要不断经历的。有的人会放任自己委靡的心态，从而放弃积极的人生。只有战胜自己，才能够拥有积极的心态，才能够在困苦之中始终保持昂扬的斗志，才能从自己经历的每一次黑暗中看到光明，从每一次损害中看到机遇。

第二章　交际博弈：
能否心想事成全靠一张嘴

第二章　交际博弈：能否心想事成全靠一张嘴

一句话能把人说笑，一句话也能让人跳脚

　　俗话说得好："懂聊天的人才能会交际。"在聊天中，口才能显出一个人的真功夫。有的人懂得看场合、看人说话，把话说得很"上道"，不仅能得到别人的喜欢，达到自己的社交目的，还能保护自己。

　　在交际中，如果不懂交际语，就会陷入被动。得体的表达，大方的谈吐，既能展现自己的内涵，又能为整体形象加分。

　　张琰跟朋友一起开了个画廊，里面有很多名画，前来观赏的人非常多，生意蒸蒸日上。渐渐地，张琰名气在外，跟他来往的人也越来越多。

　　有一次，几个老朋友一起喝酒，其中一个喝高了，坐到张琰跟前，拍着桌子说："张琰老弟，我今天在你店里看上了一幅画。"

　　张琰一听，以为朋友要买，正估摸着给他一个优惠价。张琰还没来得及开口，朋友就说："我看上了，你送给我行吗？"

　　张琰一听就愣住了，这个店是他跟朋友一起开的，自己也做不了主，而且那幅画价格不菲，他是断然不能白送的。

　　"画廊不是我一个人的，我做不了主。要不这样，我给你一个大优惠，你说怎么样？"

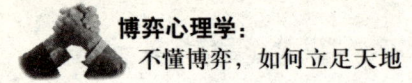

"如果要出钱,我还会去你那里买?咱们是朋友,不要谈钱,我就想要那幅画。"

那么多人在场,张琰一时不知如何是好,于是灵机一动,决定这么说。

"我先给你讲个故事吧。"张琰说,"从前有个吝啬的员外,非常小气。有次他想喝酒,就把酒瓶子给了下人,却不给钱。他告诉下人,不用钱就能买到酒才是本事。下人很无奈。后来拿着空瓶子回来了。他告诉员外,从空瓶子里能喝出酒才是本事。员外听了,无话可说。"

这个故事表达得很明白,讽刺了那些不想付出就想索取的人。朋友听了张琰讲的故事,心里瞬间明白了,再也不开口索取名画了。

张琰的故事讲得恰到好处,既没得罪人,又回绝了别人的无理要求。口才体现了一个人的综合素质,会说话才能把事办好。

我们经常说:"一句话能把人说笑,一句话也能让人跳脚。"不难看出,语言的魅力是多么大。会说话的人讨人喜欢,不会说话的人则会让人生厌。口才是门艺术,不同的说法,不同的表达,产生的效果也大相径庭。

在社交场合,有的人一开口就赢得了大家的注意,而且不由自主地跟着他的话题走,连适当的反驳也说不出来。而有的人,一开口就是硬伤,不经意间就碰了钉子。这是为什么呢?这是由于后者完全不懂口才艺术,张口就说,不经过大脑思考造成的。

口才好的人,哪怕是在批评对方,对方都能心悦诚服地听进去,这就是高超的口才艺术。掌握说话的方法和技巧,才能在交际中如鱼得水,游刃有余。

其实,说话有很多技巧和方法,同一个意思,被不同的人表达,效果就不同。因此,在平时要有意识地学习说话技巧和表达方式,站在听众的位

第二章 交际博弈：能否心想事成全靠一张嘴

置上，感受自己的话怎样说才能既不得罪人，又能让对方接受，这是基本原则。

另外，说话时还有很多禁忌话题是不能说的，如果不小心触碰了他人的雷区，你说得再对，他人也不听，甚至还得罪人。例如揭别人伤疤、中伤他人等，都是不可取的。

当然，纵使自己再会说，能口吐莲花，也要管好自己的嘴巴。在交际场合，说话要三思而后行，不要不经过大脑说话，也不能喋喋不休。言多必失，那些真正的社交高手，话不多，但一开口就能说到点子上，这才是口才达人。

一个人的说话方式，决定了他所处的层次。口才好的人，不论何时都会给别人一种机智、得体的感觉，不仅能赢得大家的喜爱，也是最容易获得成功的人。

1. 在交际中要懂得说好场面话

在交际时，场面话是必须要说的，这不是狡诈和虚伪，而是礼貌。不会说场面话，会让交际变得很尴尬，自己也会很被动。

不说场面话，很容易举步维艰，让对方感觉你不真诚、不热情。当然，场面话也不是虚无缥缈的，最好说得接近生活，让人感觉真实。

2. 说话要把握好分寸

谨慎说话，管住自己的嘴巴。灵活变化，轻松进退，三思而后行。

"祸从口出"是亘古不变的真理，管不住自己的嘴，说话没分寸，往往会得罪别人。如果引起对方的记恨，那就得不偿失了。

有一个编辑她叫李青。她平时为人热情，就是有些口无遮拦。有一次，一个客户来拜访，想更多地了解一下杂志。

李青非常认真，知无不言，言无不尽，把好的、不好的全说了。客

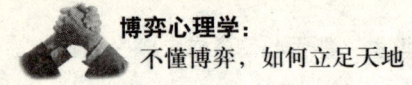

户非常感激,临走时还夸奖了李青。

结果领导知道后却批评了她:"你说话有没有分寸啊?什么都说,客户会觉得我们明知道杂志有缺点还不改正,他肯定会不满意,你这个月的奖金没了。"

李青能说会道,但就是口无遮拦,把握不好分寸,这让她明里暗里吃了很多亏。

3.聊天要学会投其所好

你说的话对方感兴趣,才能更好地在对方心中产生作用。当然,要想投其所好还要付出很多努力,做很多功课。了解对方的喜好、摸清对方的说话习惯等,都是必须要做的。

4.说话时要避免说忌讳的话题

"打人不打脸,揭人不揭短。"没有人想被别人揭伤疤、说缺点,如果说出这些,对方肯定会不痛快。

如果非要说缺点,也要掌握正确方式,尽量说得委婉、含蓄,给对方留足面子。只有尊重别人,才能换来他人的尊重。

当有人遭遇尴尬时,我们要及时挺身而出,用精妙的语言化解,避免让对方受到伤害。

很多时候,大家都不会关注你做了什么,而是在意你说了什么。练就好口才,才能获得更多人的喜爱,才能建立更宽广的人脉资源,成为真正的交际高手。

第二章　交际博弈：能否心想事成全靠一张嘴

聊天，多聊才知道里面的滋味儿

　　自从人类有语言以来，就开始聊天，随着社会的不断发展，聊天所包含的内容也更丰富。要想更好地适应，成为聊天高手，就必须刻意学习。谁也不是天生就懂聊天，摸索多了，自然就掌握这门艺术了。

　　平时我们不要抱怨人际关系太复杂，也不要因为自己不懂聊天而懊恼。事实上，没有人天生就懂聊天，更多的是需要后天学习才行。我们要端正态度，用正确、积极的眼光看待聊天。

　　聊天是门人情练达的学问，几乎可以这么说，生活中方方面面都与聊天是分不开的。同事高升要庆贺、家有喜事要请客，等等，都是聊天的一部分。

　　要想成为善于交谈的人，就要从平常的小事做起，学习礼节，懂得人情世故，掌握交谈主动权等，这些问题都是需要重视的。

　　当然，聊天在不同场合具体内容也不一样。但其原则是一样的。

　　在交谈中，要用不同的模式去思考问题，做事灵活多变、不拘泥，才能做到游刃有余。不要一味彰显自己的能力，也不要咄咄逼人，进退自如，必要时后退一步反而更好。

　　在交谈时也要一视同仁，不要厚此薄彼，心里可以有侧重，但不能完全表露出来，这样会让人感到尴尬，甚至引起别人的记恨。

　　有时也许我们是无心之失，不小心说错了话，为了避免犯错误，要从心

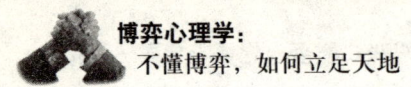
博弈心理学：
不懂博弈，如何立足天地

里端正态度。

张倩过生日，请一些亲朋好友吃饭，结果当天下雪了，一半客人都没有准时到。张倩很不高兴，一直看手表，她说："怎么回事啊？重要的人都还没来，真让人不高兴。"

这些已经来的客人，听张倩这么说，都很尴尬，而且也不高兴了，这不是明显厚此薄彼吗？就这样，整个生日餐大家都吃得不痛快。

后来，张倩意识到这个问题，非常后悔。但大家对她的印象都不怎么好了。

在聊天中，我们要尽量一碗水端平，不要让大家觉得自己不重要，不受欢迎，这会大大影响你的威信，别人也很难再对你产生好感。

有些人，从来不考虑这个问题，不懂选择正确场合的重要性。很多人在沉闷的地方，心情都会感到郁闷。很多实验都证明，环境对人的心情有潜移默化的影响。

有一个公司的老板，朋友满天下，很多人一提起他都说："哇，那个人真的太有能力了，很多人都喜欢他，甚至把他当作知己。"

很多人都问过他有这么多朋友的秘诀，他稍稍透露了一下。每次跟朋友聚会，他总会挑很讲究的地方，氛围好又温馨，对方一来心情就大好；在谈判时，他尽量挑选明亮安静的地方，很多生意都是在这种情况下谈成的。

总之，选择对的交谈地点是谈资成功的有力保障。很多懂心理学的人都会注意这点，在交谈时，必然会在交谈地点上做文章。

第二章 交际博弈：能否心想事成全靠一张嘴

那么怎样才能学会聊天这门技巧呢？我们来看一下具体内容。

1. 在交谈时要记住别人的名字

别看这是件简单的事，其实很多人都做得不够好。每个人都希望得到他人的重视，首先就要记住对方的名字。

当别人喊出自己的名字时，立刻会对对方产生一种亲切感。我们会感觉，对方足够重视自己、尊重自己。在与其交往时，自然也会更顺畅。

总之，记住别人的名字是赢得对方好感最直接的办法，我们要善于运用。

2. 在交谈中要避免骄傲自大

聊天中给对方以优越感，自己适当谦卑一些，这样更容易给他人留下好印象。

骄傲自大的人很容易引起大家的反感。每个人都有自己的长处，也有自己的短处。要端正自己的态度，不能炫耀自己的优点，要客观看待自己和他人。

想要别人成为自己的朋友，首先要把别人当作自己的朋友，要让别人感觉到被重视。因此，我们不要自以为是，要多照顾他人的感受，多发现别人的优点。

3. 要学会灵活地选择聊天场合

聊天场合不拘一格，还要弄清楚对方的需求。很多时候，所选择的地方直接影响双方的心情，如此自然也会影响谈话的质量。

4. 很多交谈都有必要的手段

有时交谈虚虚实实、真真假假，我们要学会分辨。在交谈中，不要轻易相信别人的承诺，当然也不要随意许诺。如果你只是玩笑话，但别人当真了，就会很麻烦，因此要尽量避免。

同时，也要分清别人是真的友好，还是仅仅是种礼貌。很多交谈的话都

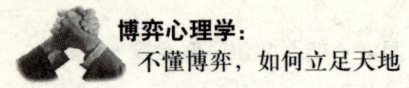
博弈心理学：
不懂博弈，如何立足天地

是不能深信的，点到为止即可。

在交谈时要准确记住他人的名字，给他人留下好印象；还要谦虚有礼，不能狂妄自大；也不能只按照个人喜好厚此薄彼，树立不必要的敌人；更要学会适应其中的虚虚实实，选择对自己有利的一面。从而既能达到目的，又能全身而退。

场面话，不管什么场，让对方有面

人在社会中，就一定避免不了交际，不管跟谁交流，不管在什么场合，必要的场面话还是要说的。不会说场面话，就显得社交经验不足，影响人际关系的建立。

场面话通常都是面子上的赞美和恭维，大多数情况下只是礼貌问题，是不能当真的。面对别人的恭维，要保持冷静。如果不了解场面话，交际就会陷入被动。

李月大学毕业后一直忙于工作，眼看快30岁了，一直没有对象。之前，她不以为意，认为碰到真心懂自己的人才可以。等到了这个年纪时，周围的同学、朋友都结婚了，她才开始着急。

好朋友看出李月的心思后，便牵线给她介绍了一个在外企工作的朋友，想撮合他们。李月欣然同意了。

"小月，有时候必要的场面话还是要说的，你不能太过'耿直'

第二章 交际博弈：能否心想事成全靠一张嘴

了。"朋友知道李月的性格，忍不住提醒她。

在外企的男子各方面的条件都不错，又很健谈，没过一会儿，李月就对他产生了好感。

李月决定改变自己的说话方式，开始搜肠刮肚地想场面话："听说你的工作不错，很有能力。"

听到李月的恭维，男子非常高兴。

"我听朋友说，你的工作能力相当不错，年纪轻轻就升主管了，我自己跟你一比，好惭愧啊。"

"哪里，哪里，我是男人，自然应该更努力。"

在李月场面话的"攻击"下，男子听得非常高兴，慢慢开始跟李月讲真心话，从工作到生活，什么都说。

过了很长一段时间，男子意犹未尽地说："很久没碰到这么能谈得来的人了，如果可以的话，我还想接着约你吃饭。"

李月知道，他是在对自己表示好感。

"可以啊，如果有时间我还想听你说话，你的很多见解都让我受益匪浅。"李月的场面话也是越说越好了。

"好，你真是难得一见的好姑娘，真是我的知己。"男子非常满意李月，后来两人渐渐发展成了恋人关系。朋友都为李月的"开窍"感到高兴不已。

之前李月是个理想主义者，想找真正了解自己的人，所以她不屑说场面话。这种想法，影响了她正常的交际。等她改变思维之后，把场面话一说，大家对她的感觉就大不一样了。

一些交际场合，场面话还是要说的，我们不能随意表现出自己最瓮实的一面，这在交际中是行不通的。场面话可以说是交际的专用语言，是见面后

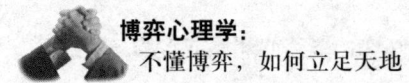

的寒暄，是拉近彼此关系的方式。

一般而言，交际场合的场面话都是不能信的，它只是简单的寒暄。当听到他人称赞、恭维的话时，千万不要当真，不要被对方哄得昏了头，要用冷静的思维去看待，去分析。如果一味地把场面话当真，只能说明自己不成熟，不懂得交际技巧，最后难免会失望。

到这里也许有人会说，场面话这么虚假，为什么还要说呢？其实，场面话不是谎话，不是为了进行欺骗，是一种交际智慧。通常它不会涉及原则和立场问题，是在交际中立身的技巧。如果我们不说场面话，那跟陌生人交往时该怎么交流呢？在跟他人交际，说服对方，拉近彼此关系时，是离不开场面话的。它就如同催化剂，可以有效增进人们之间的关系，所以，场面话不能少。

需要注意的是，我们不仅要会说场面话，还要会听。如果不动脑筋，把他人的场面话当真，到时候吃亏的恐怕就是自己了。必要时，可以通过其他方式，来判断对方的话有几分可信。如果真是客套话，就完全不必当真，一笑置之就好了。

要想说好场面话，首先要学会赞美别人。赞美就像是空气，每个人都需要。当别人听到赞美的话时，就会感到自己被肯定了，这种感觉会让自己对称赞者不由得心生好感，彼此之间也会感觉亲近不少。

在交际中，我们经常听见有人说别人漂亮、说别人聪明、说别人的小孩可爱，等等，这种赞美只要不是信口开河，没有一点根据，通常大家都会非常高兴。

在称赞对方时，要有事实根据，如果赞美太过，会适得其反，收不到良好效果，甚至引起别人的厌恶。

总之，称赞别人是最好的场面话，称赞别人会让你的交际之路更平坦。

第二章　交际博弈：能否心想事成全靠一张嘴

一个化妆品推销员，上门推销自己的产品，女主人打开门之后一看是推销员，很不高兴地说："谢谢，我不需要。"

眼看女主人要关门了，推销员立刻来了一句："哇，你家的贵宾犬太好看了。"

女主人一听就高兴了，接过话说："那当然了，这条狗是纯种的，当初是花大价钱买的。"

推销员通过赞美说好了场面话，立刻赢得了女主人的欢心。

不知不觉中，女主人就跟推销员攀谈了起来，越说越投缘，慢慢地，女主人对化妆品推销员的好感也油然而生。

"这套化妆品最适合您的身份了，高贵大气，真的很合适。"

这些只不过是赢得他人信任的场面话，女主人也未必意识不到，但最终她还是很高兴地买了化妆品。

除了赞美，还要懂得适当地应承。"好，下次见"、"如果需要，我肯定会帮忙的"、"有时间一起吃饭"，等等，很多时候，这些话是不说不行的。

如果不懂交际，会让对方感觉不舒服或感觉没得到认可。如果当面拒绝他人，还会得罪人，这时不妨说些无伤大雅、没有后话的场面话。既给了对方面子，自己也可以脱身。

"今天我们的交谈非常愉快，大家就是朋友了，以后找你帮忙可不准推辞啊。"很多时候，大家都会这么说。

聪明的人会这样回答："好啊，肯定会的。"别人听了之后，明知是场面话也会很高兴。

不懂交际的人也许就会说："到时候再说吧，我也不知道能不能帮忙。"虽然说的是实话，但却让人不舒服。前者说的是场面话，后者则是得

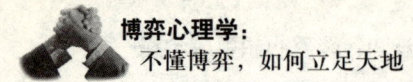
博弈心理学：
不懂博弈，如何立足天地

罪人的"大实话"，在交际中，后者还是少说为妙。

场面话是建立交际关系的必要手段，大家要正确认识。它不是虚伪，也不是狡诈，而是交际中不可缺少的技巧。有时不会说场面话，会让交际变得无趣，会导致气氛尴尬，影响自己的社交。

所以，在必要时，要说些无伤大雅的场面话，既让对方高兴，又不损害自己的利益，何乐而不为呢？

话锋不对，立刻转移，在"拐角"投其所好

在交际中，难免会遇到话不投机时的冷场，这时我们不能放弃交流，要赶紧转换新话题，避免让窘态继续。

很多时候，在沟通时我们还需要投其所好，找对方感兴趣的话题，这样才能把话说到对方心坎上，才能赢得好感。有人说过："如果你转换的话题能让人感兴趣，那么你就是很厉害的沟通高手。"

李东和李西是两兄弟，李东比较机灵，不管去哪里都能得到别人的喜欢；李西就显得有些木讷，尤其在跟人交往时常常因为话不投机而被大家嫌弃。

有一次，他俩都想自己开店铺，就去跟爸爸说。爸爸告诉他们："家里现在没这么多钱，不过我有个有钱的朋友，你们一起去找他吧。谁能动他，谁就能获得他的资助。"

第二章 交际博弈：能否心想事成全靠一张嘴

下午，李东和李西就开车出去了。一路上，他俩都不说话，都在盘算如何得到父亲朋友的欢心。

"伯父，很高兴见到你。"一看到那个人，李西就赶紧打招呼，想给对方留下好印象。

老朋友只是随意点了点头，甚至都没说欢迎他们。

"伯父，我想开个商店，想请您帮忙投资一下，我爸爸说你是他最好的朋友，请帮帮我吧。"李西说得非常诚恳。

之后，李西就开始说自己的宏图大业，说得非常激动，但是老朋友越听越不耐烦，甚至开始打哈欠。

"伯父，是不是耽误了您打麻将的时间？"李东看不下去了，赶紧转换了话题。

老朋友一听打麻将，立刻不困了，他说："你怎么知道我喜欢打麻将？"

"我爸在家常说，您打麻将的技术很高啊，我一直想跟您请教，现在终于有机会了。"

就这样，李东开启了一个老朋友感兴趣的话题，两人越说越兴奋，李西在一边尴尬得一句话也插不上。

之后，李东又在适当的时候说了自己创业的想法和优势，老朋友思考了一下，答应给李东投资。

"其实李西的创业想法也不错，要不您也考虑看看？"

在李东的劝说下，李西投资的事也说好了，兄弟俩很高兴地回去跟爸爸分享喜悦了。

"酒逢知己千杯少，话不投机半句多。"在交际中，如果你不能迅速跟他人找到共同话题，很可能就会失去一次重要的交际机会，甚至引起对方的

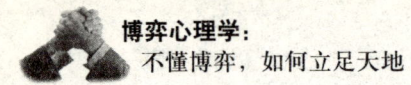
博弈心理学：
不懂博弈，如何立足天地

不满。上文中的李东就比较机灵，话不投机时知道立刻转移话题，保证了交流的顺利进行。

在交际中，我们会遇到形形色色的人，有时遇到感觉不好的人时难免会尴尬，感觉话不投机。如果双方都因为话不投机而不愿多说，呆呆坐着，就无法打破尴尬局面，有进一步的发展，当然肯定更谈不上建立关系了。

最好的解决办法就是，从对方身上找感兴趣的话题，打开别人的话匣子。如果能做到这些，我们必然会成为交际高手，占据操控者的地位。

在交际中，大家都是有交际目的的，都想把话说到对方心坎上，这样才能起作用。要想做好这些，就必须学会投其所好，说对方感兴趣的事。

有些人不以为意，在沟通时只顾自己的感受，说自己的话，办自己的事，如果细心观察，你会发现这种交际方式的效率是很低的。

因此，掌握一些必要的说话技巧就是一定要做的事情了。这些说来看似很简单，事实上做起来很不易。它不仅需要我们有投其所好的意识，还要身体力行地去寻找技巧。说话的人不同，寻找共同话题的方式也会有差异。

语言是沟通的基础和桥梁，是在交际中成就自己的有力武器，学会投其所好，让自己的语言更有感染力，更能打动别人。

跟人交流，转换话题之前，要先进行观察，如果不能找到对方感兴趣的点，新开启的话题也依然不会让对方满意。

我们可以通过观察对方的着装、表情、言谈举止等找到对方感兴趣的点，然后打开话题，达到我们的交流目的。通常，最适合观察的是一个人的装扮，从装扮中能看到他的内涵、品位、喜好和地位。读懂这些之后，才能准确找到对方感兴趣的点。

如果不能正确观察，我们还可以适当地进行一下了解，从他人的"特点"开始，主动询问，可以询问对方的事业、生活和兴趣爱好，这些通过寒暄都能知道。

第二章 交际博弈：能否心想事成全靠一张嘴

一般而言，谈论最多的是对方的兴趣，它不会显得很唐突，可以采用抛砖引玉的方式，先说本人的爱好，再让对方自然而然地说出自己的爱好，然后寻找彼此的共同之处，这样新话题就开始了，而且还是大家都感兴趣的话题。

老杨是个很热心的人，不仅酒量好，而且会说话，很多朋友接待客人，都喜欢让他来捧场，老杨每次都不负众望，把气氛搞得非常好。

朋友的女儿中考成绩只差2分，没办法到县里的一中读高中，朋友就想通过关系来疏通一下，于是请了一位县一中的领导来家里吃饭。

领导虽然来了，但一直不愿提帮忙的事，朋友看时机不对，也不好意思开口，场面有些冷。

老杨思忖，领导从事教育工作这么久了，管理能力一定很好。

"听说你年轻的时候是位非常有能力的教师，培养了不少人才。"老杨笑呵呵地说，"现在升到了管理层，真不错。"

"有能力不敢当，管理也算是稍有经验吧。"

"我的管理能力太弱了，想跟你请教一下如何提高管理能力。"就这样，老杨转换了一个对方感兴趣的话题，形势立刻好转。朋友所求之事，最后也水到渠成地办成了。

寻找对方感兴趣的话题，在人际交往中非常重要，要想在短时间内建立良好的沟通氛围，避免话不投机，就必须找到谈话的"契合点"。

另外需要注意的是，在交谈中不要以自己为重，要注意对方的情绪，要看对方是否愿意交谈。如果发现对方不感兴趣，或在应付了事，千万不要犹豫，立刻转移新话题。你拖得越久，对方对你的好感也就越少。

只有彼此有共鸣，才能使谈话进行得更深入，更愉快，以自我为中心，

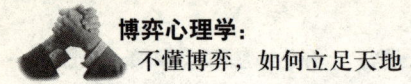

是无法完成交际的。

话不投机是大家沟通的主要障碍,要是不及时转移话题,对方会拒绝继续沟通。实际上,要想成为交际高手,绝不能给对方说"不"的机会。通过及时观察,迅速找到共鸣点,沟通才能继续下去。

说话要投其所好,要在最短时间内让别人对你的话感兴趣,才能慢慢靠近。这需要很高的说话技巧,平时只有注意多观察、多锻炼,才能让自己成为交际高手。

说话要谨慎,并非谁都可以掏心掏肺

在人际交往中,我们可以和任何人和平相处,但我们不可能和所有的人成为朋友。聊天时,完全不必推心置腹地跟所有人交流。

在聊天时,一定要切记:不是所有的人都是可以推心置腹的。就算是朋友,我们也要先经过慎重选择,找到一个或几个真正可以掏心掏肺的朋友,敞开心扉,推心置腹地交谈。

韩玮和杨秀是同事,韩玮是一个真诚的人,对谁都特别实诚;而杨秀是一个特别精明、圆滑、有野心的人,为了自己的利益可以不顾一切。

然而,韩玮并没能早点儿看清杨秀,一直把她当成自己最好的朋友。因为杨秀很会隐藏和伪装自己。

第二章　交际博弈：能否心想事成全靠一张嘴

老总的儿子华瑞刚从美国留学回来，对韩玮一见钟情，并通过努力和不断的追求，终于打动了韩玮。华瑞和韩玮恋爱关系确定后，公司里的很多年轻女性都对韩玮羡慕、嫉妒，这其中也包括杨秀。

有一天，韩玮邀请杨秀去喝酒。在酒过三巡后，韩玮哭了，杨秀觉得很奇怪。

韩玮说："秀，你知道吗？我其实心里最爱的人不是华瑞。我大学的时候有一个感情很深的男朋友。但是，他出车祸离世了。他死后不久，我发现自己怀了他的孩子。为了爱，我把孩子生下来了，并交给他父母抚养。这是我唯一能为他做的事情。"

杨秀听到韩玮内心深处的秘密后，惊讶之余，又很窃喜。

后来，杨秀把韩玮生过孩子的事情通过其他方式传给了华瑞，华瑞很快就提出了分手，而韩玮无奈地放弃了这段感情，辞职离开了。

在交际中，我们都希望能有推心置腹的朋友。但是，你一定要清楚地知道，不是所有的人都可以推心置腹。

就像韩玮和杨秀，她们是朋友。但最终韩玮向杨秀说了自己的秘密后，却被自己视为朋友的这个人出卖了。

我们在与那个可以推心置腹的人交流的时候，往往袒露的都是自己内心最深处的情感或秘密。如果我们选错了人，就会给自己带来非常惨重的后果。选错的那个人往往会把我们的隐私视为弱点，并利用这些弱点把我们打倒，或利用我们的弱点达到某种目的。

也许，我们会觉得是被别人出卖了。其实，要怪的人应该是我们自己，是我们自己选错了人，是我们自己把他（她）当成可以推心置腹的朋友。选对了人，我们推心置腹的倾诉，可以缓解内心的情绪，也可以得到他人的安慰和帮助，并能加深与对方的感情。或许，对方也会把心底的秘密告诉我们，

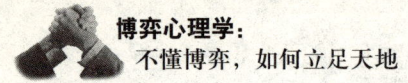

我们就会成为交流最深的朋友。

选错了人,我们的倾诉,就会成为对方利用的把柄。所以,在我们没有能力看清一个人是否值得信任前,最好避免与别人推心置腹。

我们一定要找信任的人,最了解的人,知根知底的人,或是善良真诚的人作为推心置腹的倾诉对象。

不要和表里不一、暗中伤人者推心置腹。这样的人往往会表面上对我们友好,实际上是想挖我们的隐私,利用对我们的了解,在暗中不知不觉地伤害我们。

张佳刚刚进入公司工作,她的部门经理是一个比她大十多岁的大姐,叫周韵。有时,加班晚了,周韵就请张佳去吃夜宵。一来二去,她们就熟了。

有一次,周韵请张佳去喝咖啡,然后就开始非常煽情地讲自己的感情经历。说完后,周韵把话锋一转,对张佳说:"把你的情感经历也说给我听听吧。我可是一个非常好的倾听者哟。"张佳含蓄地笑笑,不说话了。

张佳曾听同事们说,周韵是一个心机重、野心很大的人。所以,她想了想,还是不要把自己的情感经历告诉周韵的好。毕竟,张佳对周韵还是不太了解。

张佳说:"我的经历太简单了,不值得一提。"张佳的回答,令周韵大失所望。她想挖张佳隐私的打算泡汤了。

后来,听说有一个女同事,因为和周韵交过心,结果被她利用了。张佳庆幸自己没有和周韵这种人深入交谈过。从此,她做事更加谨慎小心,对周韵也是敬而远之。

第二章 交际博弈：能否心想事成全靠一张嘴

表里不一，暗中伤人者通常在我们面前伪装得非常好，通过对我们的关心，和我们拉近关系。他们会在我们情感低落时，陪在我们身边，假装安慰我们，实则是在套我们内心的隐秘情感。

这种人还会先把自己的隐私推心置腹地告诉我们，然后再希望同等交换，获取我们的隐私。对于这样的人，我们一定要敬而远之，对自己的事情要守口如瓶。

对有恶劣习性的人，也不要深交。这种人是意志薄弱的人，而且品质也不好。这种人没有社会责任感，没有道德底线，只要给这种人一点好处，他们就会出卖朋友。把自己的隐私推心置腹地告诉这种人，无疑是在自己的生活中埋下了"定时炸弹"。

以自我为中心，自私自利者，也不是推心置腹交谈的对象。这样的人会在一切活动中以自我为中心，总以自己的利益为出发点，很少真正顾及别人的立场与感受，跟这种人深交，最终"牺牲"的就是自己。

这种人，会在我们触及他的利益时，随时准备"牺牲"我们的利益，而成全他自己。

对于那些心态灰暗，处事消极的悲观主义者，我们也得敬而远之，这种人只能给我们的生活带来负能量。与这种人交往，我们的生活中不会有阳光。

我们推心置腹的倾诉，只会换来这种人的一声叹息。也许他不会出卖我们，但他却不会给我们积极的影响、良好的建议、正面的能量，还有真诚的安慰和劝导。

当我们这样一一去排除时，会发现身边真正可以推心置腹的人少之又少。在交际中切记：并非所有人都可以推心置腹。

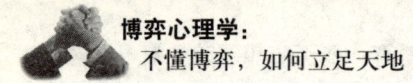
博弈心理学：
不懂博弈，如何立足天地

说话也要懂得"入乡随俗"

在交际中，要学会看对象说话，如果忽略了这点，很容易因为话语不得体而引起对方的反感。要掌握必要的说话技巧，看清对象，想好之后再说，这有利于建立良好的人际关系，获得一个好人缘。

有句俗话"见人说人话，见鬼说鬼话"，这不是虚伪做作，而是一种别有深意的说话方式。说话对象不同，个人喜好就不一样。不分对象，乱说一气，肯定会得罪人。

张老师是某大学的研究生导师，快50岁了，每天都打扮得非常时髦。每隔一个月她还换个新发型。平时用的护肤品也全是高档货。

"哎，我孙子都出生了，我越来越老了啊。"张老师逢人就说，她最怕自己变老。

"大家谁不是越来越老啊，你已经很不错了，看着比同龄人要年轻很多。"

周围人都知道张老师爱美，怕衰老，所以大家都会避开说她老的话题，都不愿意平白得罪她。

有一天，张老师曾经带过的学生来看她，学生毕业后很不如意，就想找老师帮忙，指点一下迷津。

那天，张老师正好感冒了，说话声音沙哑，透着疲惫，整个人看起

第二章 交际博弈：能否心想事成全靠一张嘴

来也不精神。

"张老师，好久没见了，挺想你的。"学生把带来的水果放下，开始跟张老师寒暄。

"是啊，好久不见，赶紧坐下吧。"张老师对自己的学生很热情，起身倒水给她喝。

很长时间没见面，学生有些尴尬，就开始没话找话说："老师，你的声音听起来很沙哑，人也不精神，看起来比之前苍老了很多。"

听学生这么一说，张老师跟受了打击一样，脸色立刻就变了。

"我只是最近感冒了，有些疲惫。"张老师明显带着不悦。

这时，学生才意识到自己失言了，不该说老师苍老，她那么爱美的一个人，听了这话心里肯定很不舒服。

气氛一下子就变得不对了，学生也没再说自己的来意，坐了一会儿就走了，张老师也没挽留。

在交际中，很多人都会犯类似的错误，说话不动脑筋，不看对象，最后只会冒失地得罪人，也无法达到自己的交际目的。

不论是谁，在跟人交往时都必须掌握必要的说话技巧，说话冒失，不看对象，是对他人的不尊重。懂得必要的说话艺术，才能避免尴尬，为社交的顺利进行奠定良好的基础。

交流是双方的，如果只顾自己表达，不顾对方的感受，交际就变得毫无意义了。值得注意的是，看到什么人，就说什么话。在沟通时，要懂得迁就他人的说话习惯，用对方喜欢的方式表达，如此才能获得他人的认可。这是简单的语言技巧，也是谈话能继续的保证。

有些人认为，看对象说话就是曲意逢迎，是为了讨好他人，奉承他人，从而达到自己的目的。有时为了博得对方的好感，不惜故意说假话，溜须拍

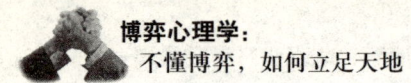
博弈心理学：
不懂博弈，如何立足天地

马，无所不用。其实这么理解是错误的。看对象说话是为了统一大家的沟通方式，是对他人的尊重，不是心怀鬼胎，居心不良。

看对象说话是很有深意的事，其中包含了很多交际常识和谈话技巧。我们要观察对方的为人，了解对方的喜好，探究对方的社交方式等，只有摸透对方，在谈话时才能更合对方心意，跟对方有共同话题。

有些人在交际中总是人见人爱，这与他们看对象说话的交际方式是分不开的。分清谈话对象，才能灵活表达自己，才能在交往中做到得心应手。

不是所有人都爱听好话，不是所有的善意都能被别人了解。也许你说的话不是字字珠玑，但就是能说到对方心坎上，这就是看对象说话的好处。更容易被他人理解，也更容易得到信任。

在与人说话时，首先要进行分类，观察对象是什么样的人，然后再决定用什么方式沟通。分类的方式有很多，可以根据他人的性格、喜好、文化程度、身份地位等，只要找到合适的切入点，就能找到很好的沟通方式，顺利拉近彼此的距离。

在跟性格随意的人说话时，不要太过拘谨。有些人大大咧咧，跟谁说话都"不客气"，其实不然，他们不认为随意是不好的，相反，随意是一种亲近的表现。如果跟这样的人交流，我们咬文嚼字，中规中矩，他们就很难对我们产生好感。

俗话说"入乡随俗"，要适应对方的说话方式，沟通才能更顺利。

成为是一个公司的业务员，有一次，他下去谈业务，负责接待他的是小赵。他之前见过小赵，也算熟悉。小赵是东北人，性格爽朗，说话有时也不加遮拦，但能力却很不错。

"你小子最近忙什么呢？好久不见啊。"成为很豁达地说，他放下了平时的客套劲。

第二章　交际博弈：能否心想事成全靠一张嘴

"哎呀，是你大驾光临啊，真是想死我了。"小赵笑哈哈地打招呼。

"公司要的货物准备得怎么样了？要是没准备好我可饶不了你啊。"成为佯装发狠。

小赵一看更加乐了："放心吧，我不给别人准备也得先给你啊，谁让咱俩臭味相投呢。"

看似随意的谈话，其实是成为故意营造的，他深知小赵的为人，喜欢跟爽快的人做朋友。如果自己中规中矩，说话礼貌疏离，效果反而会不好。

跟沉闷固执的人交流时，说话要简洁有重点。这类人话少又固执己见，面对他们，不要迂回说话，通过观察找出对方感兴趣的话题，然后再直截了当地询问就可以了。这类人很反感滔滔不绝，讨厌兜圈子，喜欢直接进入主题。

面对傲慢无礼的人时，尽管讨厌也要耐着性子继续交谈。对这样的人，不需要太过客气，说话要有力，有自己的主见，但万不可伤害他们的面子。傲慢的人常常唯我独尊，一旦觉得丢脸，会做出不理智的事。总之，跟这类人交往时既要强硬，还要适当地软弱。

在跟地位比较高的人说话时，要尽量客气，说话不能太随便，要表现出自己的尊重。要三思而后行，尽量说符合对方身份的话。不能按照平时的说话方式。不需要表现出多亲切，但一定要恭敬有礼。

跟文化水平高的人说话时，语言可以适当书面化、深奥一些，可以对语言进行修饰，可以适当含蓄。但跟文化水平低的人就不能如此了，不要夹杂难懂生僻的话，也不要文绉绉的，对方会很不适应。为了避免尴尬，最好多说些大白话。

面对虚荣的人时，不妨多称赞一些，多恭维点，他们会很受用；面对深

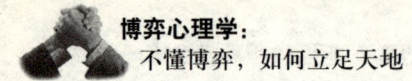

藏不露的人，最好先向对方表达自己，之后对方才会变得主动。

面对性格温暾的人时，要控制好自己的脾气，说话不要太急，要耐着性子配合才行；遇到自私的人时，不妨先提一些对方可以获得的好处，夸大事实，看到好处，他们自然会变得"友好"。

不论什么时候，交际都离不开交际对象，在交流时要根据对象的具体情况选择说话方式，这样才能避免失礼，才能搭建良好的沟通平台，才能达到自己的社交目的。

话不在于好坏，而在于是否顺耳

话不在好，而在顺耳。好听的话，他人更容易接受；难听的话，对方只会抗拒。同一个意思，有的人说别人就乐意听，有的则不然。这就是表达方式不同的结果。

会说话是一种技巧，如果掌握了，不好听的话别人也能听出善意，不讲究方法，纵然是表扬对方也不会领情。

有一个小区里有个"大嘴巴"，叫王树。每次提到他，大家都一脸嫌弃地说："那个人太不会说话了，好话到他嘴里都变味了，更别提坏话了。"

小区里张大爷的儿子为了救掉到河里的孩子去世了，张大爷非常伤心，一时很难接受事实。

第二章 交际博弈：能否心想事成全靠一张嘴

大家知道后，争先安慰，希望张大爷能接受事实，好好振作起来。

王树知道后，也想去表达自己的同情。

张大爷不哭也不说话，只是呆呆地看着儿子的遗像，大家在一边暗自叹息，都不好开口。

王树按捺不住了，他张口就说："张大爷，你不要难过了，你的儿子已经死了，他再也不会回来了。"

听了王树的话，张大爷像是受到了刺激，抓起脚下的东西就砸向王树："你这个多嘴的王八蛋，给我滚，我儿子没死，你儿子才死了呢。"

张大爷气得眼泪直流，话都说不清了。

这时，小区物业的负责人来了，他思忖了一会儿后说："小孩子掉进了河里，多亏了你儿子英勇行为，虽然他离开了我们，但他会永远活在我们心中。"

"对，大家都会记得他。"

"他是我们心中永远的英雄。"大家纷纷发言。

张大爷终于哭出声来，含糊哽咽地说："我儿子还这么年轻，我……我真是不敢相信啊。从早上开始，我的右眼就跳个不停，没想到居然是这么大的祸事。"

听了负责人的话，张大爷虽然还是非常难过，但他还是理智地接受了儿子已经去世的事实。

老人痛失爱子，悲切难当，王树张嘴就说张大爷儿子已经死了，老人当时最不想听到死字，被刺激后，情绪更不稳定。小区物业负责人的一席话却不同，他肯定了老人儿子的价值，他的死是有意义的。如此，老人虽然难过，但也知道这是没办法的事，只能接受。

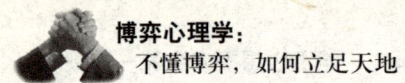
博弈心理学：
不懂博弈，如何立足天地

文中的两个人表达的是同一个意思，但方式不同，产生的效果也有很大差异。

没人喜欢听不合时宜的话，尤其是批评，说得不好肯定会得罪人，哪怕我们出发点是好的。生活中有人会说我们是"刀子嘴豆腐心"，了解我们的人，也许会看到我们的内心，但是外人却不知道。如果不懂说话技巧，不能深入人心地表达，我们的"刀子嘴"会伤人无数。

说话要照顾别人的感受，要尽量用委婉的方式诉说，把话缓缓说到对方心坎上才能达到想要的效果。

心理学家说过，"并不是所有的人都能听进去逆耳的忠言"，明明是好话，但表达方式不对，对方就不领情。其实，我们完全可以将忠言说得顺耳一些。

说话讲究表达，能让人感觉温暖；如果不注重说话艺术，还会伤害人。前后一对比，我们可以明显看出说话讲究表达方式的重要性。

一个意识不到说话方式重要性的人，很难在交际道路上走远。我们在交际中，一定要认真思索，避免一时冲动说出伤人的话。难听的话，比利剑还要伤人。

不会说话，不仅仅是容易得罪人这么简单。凡是在交际中顺风顺水的人，都是擅长说话的高手，不论说什么，别人都爱听。好口才帮助他们打开他人的心门，拉近彼此的距离。

说话体现了一个人的整体水平，所以，在任何场合我们都要重视表达，成为能用话语深得人心、温暖他人的交际高手。

在生活中与他人交流时，一不注意就会说错话，让他人生气，每当此时我们都会很郁闷。明明不是如此想的，但说出来的话却让人误会了。这是因为我们的说话技巧还有待提高，所以，平时要多学习表达技巧。

首先，在跟人说话时要控制自己的情绪，不要因为自己心情不好，就

第二章 交际博弈：能否心想事成全靠一张嘴

冲着他人发泄。听我们说话的人，会觉得莫名其妙。所以，当我们在气头上时，最好的方式是暂时保持沉默。等情绪平复了再用温和的态度跟别人交流。好的态度，也是一种良好的表达方式。

其次，还要明白说话是种沟通方式，不是攻击别人的手段。有些人开口就是"你不要这样"、"你是不对的"，对方一听肯定会不高兴。说话时少用否定词，多用肯定语气。

完全可以用温和的方式让对方明白，带着攻击性说话是最差劲的语言沟通方式。让他人感受到我们的心意就可以了，没必要再说伤人的话。

再次，在说话时要利用好幽默的表达方式。在跟人说话时，会有很多不确定性，如果遇到不好说的话题，怕得罪人，完全可以利用幽默来表达自己的意思。

有些话，如果我们说得很严肃，别人心里难免会不悦，会感觉到无形的压力。在交际过程中，幽默可以缓和气氛，减少对方的对立情绪，我们的表达会更深入人心。

有个人去小酒馆喝酒，喝了一口就吐了出来，他一拍桌子就开始大骂："这是什么酒啊？酸死了，你们这里简直就是黑店。"

老板也不是省油的灯，哪里受得了这份气，立刻找来伙计，把客人打了一顿。客人躺在地上哇哇乱叫。

这时，又来了一位年轻小伙子，他说："这是怎么回事啊？在表演格斗啊？"

老板一听怒气消了一些。

小伙子知道因由之后，自己也品尝了一口酒，他皱着眉说："哎呀，你把我也打一顿吧。"

老板愣了一下，继而明白了小伙子的意思，大家都笑了起来。老板

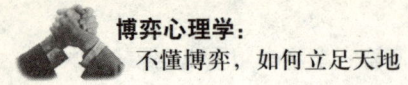
博弈心理学：
不懂博弈，如何立足天地

立刻让人换了新酒。

两个客人，都在说酒难喝，一个因为不会说话挨了打，另一个则幽默地说服了老板。由此可见，幽默的话语永远是打动别人、进行温和交谈的法宝。

最后，在说话时不要做"冒失鬼"，要懂得三思而后行。有些人说话不经过大脑，这样的人在交际中很容易触碰别人的"雷区"，引起他人的反感。每个人都有忌讳，我们在说话时要尽量避免。如果非要表达，则要含蓄一点，或通过暗示性的话来表达出来。

"祸从口出"，通常说的就是这种冒失、口无遮拦的人。我们要学会谨言慎行，把话说对、说好。

说话的方式有很多种，面对不同的人、不同的场合，我们要灵活运用，不要不合时宜。说话要讲究方法，只有做到这些，才能和谐地处理好彼此之间的关系，才能把话说出好效果。

聊天时不可碰触他人的"污点"

每个人都会有或多或少的污点，毕竟人无完人，但在交际中，我们绝不能只盯着他人的污点看，甚至对其不屑一顾。这是无礼的表现，不仅会伤害他人，树立不必要的敌人，还会影响自己在大众跟前的形象。

谈资是一门学问，如果总是轻易对有污点的人失礼，盲目地自我感觉良

第二章　交际博弈：能否心想事成全靠一张嘴

好，就容易处在危险之中了。久而久之，自己也会失去人心。

　　张冰是高级俱乐部的会员，俱乐部每个月都会举行社交宴会，每次都会来很多名人，是拓展人脉的绝好场所。所以，在这里，大家都会尽情展示自己的交际之术，以此来获得别人的关注。

　　张冰性格比较冷傲清高，她来这里的目的就是寻找完美的合作人。在交谈之中，她从别人口中听到了科技大亨Mr张的"丑闻"。

　　据说Mr张离过三次婚，最近的一次是上个礼拜之前。他的"小媳妇"偷了他很多钱，最后跟别人跑了。

　　张冰一听就对他满脸不屑，她认为这么花心滥情的人简直就是可耻的。

　　"Hi，你们好，我是Mr张，很高兴认识你们。"Mr张过来打招呼。其他人都很热情地给予了回应。

　　"哼。"张冰满脸不屑，她理都不理Mr张，径直走开，跟其他人打招呼去了。Mr张非常尴尬，他深深地记住了张冰。

　　有好几个朋友，都提醒张冰，不要太过情绪化，不能对别人无礼，每个人都会有了不起的一面，说不定还能成为合作者。张冰年轻气盛，对大家的劝告不屑一顾。

　　这世界真小，后来有一次张冰跟着同事去会见客户，结果正巧碰到了Mr张，他什么也没说，只是含笑看着张冰。

　　这时，张冰都懊悔死了，她真后悔当初让Mr张下不了台，现在对方肯定不会跟她合作了。事实上，Mr张是非常理智的科技大亨，他没有太为难张冰，但合作期间也只跟张冰的同事详谈。此刻，张冰才真正意识到当初的失礼是多么不应该的事。

　　从那之后，她再也没犯过类似的错误，她时刻铭记，他人的污点绝

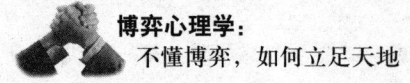

不应成为自己失礼的理由。

所有人都有缺点，甚至是污点，如果只盯着他人的污点看，必然会变得心胸狭隘，斤斤计较，失去更多朋友而变得更加孤独。

社会中人际关系是非常复杂的，如果不能说出得体的好话，就不要信口开河。有些人就喜欢背后说别人的污点，到处宣扬，甚至当面出言不逊，做出失礼的举动。这是所有悲剧的开始，很多后果往往是不能预料的。

有人说过，与他人相处时，如果只盯着对方的缺点，一天也无法跟他继续交往下去；如果在看到缺点的同时还能看到优点，那么做一辈子的朋友也没问题。在交际时，太过苛刻，眼光太过挑剔，很容易成为众矢之的。

也许你认为轻视别人没关系，但他人会记住你的失礼，以致记恨、反感，不利于人际关系的建立。

跟人交际时，要时刻注意对方的面子，毕竟在交际场合，面子对每个人的意义都是非常重要的，所以最好不要做失礼的事。不要逞一时之快，而在人际关系中落于下风。

在交际中，为了给他人留下好印象，我们会刻意注意很多问题。如果我们对有缺点的人失礼，给他人留下不懂事的坏印象，于己于人都是有害无利的。

很多人在交际中，都会犯这样的错误，喜欢拿别人的缺点进行打趣。也许，开玩笑的人只是随口一说，但被说的人心里肯定会很不高兴。如果没眼力，通常得罪了人还不自知。总之，在交际中一定不要随便看起人，不要看到有缺点的人就侧目，我们的一时失礼，会为以后的人际关系埋下祸患。所以，要时常约束自己，不要做失礼的事。

"打人不打脸，揭人不揭短。"当面对有缺点的人时，一定要避开提及其缺点的话题，如此才能避免失礼，不致引起对方不悦。当有人说及某人的

第二章 交际博弈：能否心想事成全靠一张嘴

缺点时，我们也不要太当真，要根据自己的是非观念来判断，更不能听完之后就大肆宣扬，表达对当事人的不满。

拿别人缺点说事的人，不仅会得罪当事人，旁人也会认为他无知，反而损害自己的形象。当听到闲话时，我们还要及时制止，体现我们的理性和睿智。

除此之外，在跟人相处时，要多肯定他人的优点，每个人都有想得到肯定的心理。每个人都有缺点，也会有优点，多肯定他人的优点才能跟大家友好相处。当别人都在拿他人的缺点说事时，如果我们能肯定他的优点，必然会得到感激，他日获取帮助时也会容易许多。

李亮是个朝九晚五的上班族，他最爱在下班的时候买水果。一天，楼下来了个卖水果的新摊，他决定去买一些。

结果，他挑完水果之后才发现自己的钱包不见了，他找了很久也没找到。当时，真是尴尬极了。

"你是李亮吧？"卖水果的男子居然认出了他。

"对，对，我是。"李亮连声承认，但却不认识摊贩。

"我是小杜啊，之前在你们公司上过班，你不记得了？"

说到这里，李亮才有了印象。当时，小杜娶了一个长相难看的妻子，大家没事都笑话他，只有李亮一直很尊重他，肯定他的工作能力。

"这些水果你随便拿着吃吧。"小杜非常热情，让李亮感动不已。

虽然是件小事，但不难看出，多肯定他人的优点，少说缺点是赢得大家喜爱的好办法。

如果在谈话时，非要提及他人的缺点，这时就要掌握正确的方法。语言要含蓄，说法要委婉，最好一带而过。如果说话太过直接，很容易伤害对方

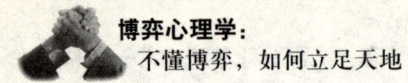
博弈心理学：
不懂博弈，如何立足天地

的自尊，将矛盾激化。

每个人都有缺点，如果我们能客观真诚地看待评价，相信他人也不会说什么，但万不可出言不逊，幸灾乐祸，如此失礼，后果会很严重。

交际是个彼此照应的过程，如果你能面对他人的缺点不失礼，来日自己犯错时，对方也能保全你的尊严，以礼相待。这个简单的道理，想必很多人都知道，但往往因为感情偏见，而用有色眼镜看待别人。其结果也无非是逞一时之快，害人害己。

在跟别人说话时，要客观看待他人，讲究正确的交谈策略，不主动提及他人的缺点，不碰他人的伤疤，用温和的态度以礼相待，我们会发现，自己的世界会宽阔许多。

第三章 职场博弈:
来到公司就要懂得这里的法则

第三章　职场博弈：来到公司就要懂得这里的法则

适时地低头，并不代表你很怂

工作中真正懂得表现自己的人，通常既表现了自己别人又察觉不到。他们不会自顾自地在那里大谈特谈，不会以自我为中心，而是能给人一种"参与感"，与同事交谈时，他们喜欢用"我们"，他们不喜欢用"我"，因为"我"给人产生一种距离感，而用"我们"不仅无形当中把其他同事拉到同一阵营，并且更有亲和力，而且还可以按照自己的意图影响他人。

"枪打出头鸟"，"木秀于林，风必摧之"。这就告诉我们，一个人太出彩其实不是一件好事，我们要随时保持谦虚低调的态度，才能让自己离成功越来越近。因此，我们在工作后的头三年里就要学会不露声色地让别人注意到自己，这也就是大家所说的"低调地卖弄"。

张栋是一家大公司的职员，他工作积极主动，待人热情大方，深受同事们的欢迎。可是突然有一天，一个不经意的举动让他在同事眼里的地位一落千丈。

这天大家在会议室等待着经理来开会。一位同事觉得地板有些脏，于是就站起来开始打扫。张栋却没有注意到，一直站在窗台边往楼下看。这时突然他走到拖地的同事面前说要替那位同事打扫，可是这时地已经拖完了，可张栋却执意要求，同事也没多想就把拖把递给了他。

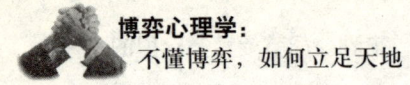
博弈心理学：
不懂博弈，如何立足天地

张东刚把拖把拿过来，经理便推门而入，正好看到他拿着拖把拖地的举动。于是，一切不言而喻。

大家突然觉得张栋十分虚伪，纷纷不再跟他交往。

自我表现是人类的一种本性。就像百灵鸟喜欢炫耀清脆的声音一样，人类喜欢表现自己是很正常的行为。如果不分场合地表现自己就会让人觉得虚伪、做作，引起其他同事的反感，最终的效果往往是事与愿违。很多人在聊天的时候不管是否以自己为中心，老是爱表现自己，这种人会让人觉得轻浮、傲慢。

在和别人交往的过程中，每个人都希望得到别人的尊重和赞赏。法国一位叫罗西法古哲学家曾说过："如果你要得到仇人，就表现得比你的朋友优越；如果你要得到朋友，就要让你的朋友表现得比你优越。"这是因为，当你的表现让朋友觉得比你优越时，他们就会有一种得到肯定的感觉；当你表现得比别人优秀时，很多人就会反感，甚至产生敌对情绪。因为每个人都会在无意识的情况下本能地维护自己的尊严和形象，如果有人让他感觉到自卑，那么无形之中他就会对那个人产生一种排斥心理，严重的会产生敌意。

在职场中，即便你真的比你的同事强，在心理上你也要给别人应有的尊重，学会与他们相处，这样同事也就不会对你产生反感，同时他们也会慢慢认可你的能力。当然，你还要懂得适当暴露自己的劣势，减轻嫉妒者的心理压力，从而淡化危机。

李静是刚从大学毕业进入中学的新教师，对最新的教育理论颇有研究，讲课也形象生动，寓教于乐，很受学生欢迎，引起了一些任教多年却缺乏这方面研究的老教师的嫉妒。为了改变现状，李静故意在同事面前放低自己的姿态，并且很谦虚向其他老师学习。

第三章　职场博弈：来到公司就要懂得这里的法则

　　李静放低姿态后，有效地拉近了自己和其他老师的距离，也就消除了他们对她的敌视心态。

　　平易近人、低调谦和的人总能结交许多好朋友，而那些自私自大，自以为是的人，在交往中到处碰壁，让人反感，令人讨厌。

　　职场中往往会有这样一些人，他们十分机智，有很强的工作能力，但是他们锋芒太露，让别人敬而远之。他们太喜欢表现自己了，总想让所有人知道他们比别人强，以为这样才能获得他人的敬佩和认可，其实结果只能让同事们讨厌、反感。

　　做人要学着低调，要学会谦虚。越是谦逊的人，别人越是喜欢和这种人在一起相处，最后发现其优点；越是孤傲自大的人，别人越会瞧不起他，喜欢找出他的缺点。因此平时一定要学会谦逊待人，这样才会得到别人的支持，为你的事业成功奠定基础。当你以谦逊的态度来表达自己的观点或做事时，就能减少一些冲突，还容易被他人接受。即使你发现自己有错时，也很少会出现难堪的局面。

　　不管怎么说，作为职场新人，刚刚踏入公司，一定要学会低调做人。即使我们的才华再出众，即使毕业的学校名字再大牌，也不要在同事之中表现出高人一等的姿态来。我们可以表现自己，但是不要太过高调，要保持谦虚的态度。只有这样，我们才能在出色地完成工作的前提下又得到大家的赞赏

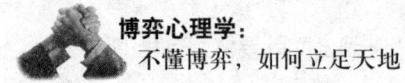
博弈心理学：
不懂博弈，如何立足天地

职场懂得装傻，才是最聪敏的人

在我们工作当中，有很多人喜欢装有学问，让周围的同事感觉他是一个多有本事，多有能力的人；但真正有本事，有能力的人都喜欢装傻，这叫大智若愚。某个同事我们怎么看都觉得他有点傻？其实他是在装傻，他是揣着明白装糊涂。在职场上，我们只有懂得"装傻"，才不会让自己成为一个傻瓜。

在其他同事的眼里，那些喜欢"装傻"的同事就是一个不识时务的顽固者，但经过时间的考验后，这些"迟钝者"却往往以其坚韧不拔的精神闪耀出金子般的光芒，最终获得公司领导者的赏识，成功实现他们的梦想。这个时候我们就会发现，原来他们是大智若愚，是真正有智慧的人。

对于刚入职场的毕业生来说，要学会"装傻"，那不仅是一种策略，更是一种智慧。

经过多年的辛苦经营，某公司成了所在行业的领军企业之一。但同时，公司面临的挑战与压力也与日俱增：一方面竞争对手穷追不舍，公司的市场不断受到蚕食；另一方面，营销体系及相应的制度都有些混乱，区域市场的管理出现许多漏洞。戴明和方铮都是这家公司刚引入的两名高级营销人才，出任公司的营销副总监，分管不同的市场，共同向总经理及董事会汇报。这家公司引入戴明和方铮这两位高级人才，正是

第三章　职场博弈：来到公司就要懂得这里的法则

为了解决公司当下面临的问题与挑战。

从工作背景来看，两个人十分相似：毕业于不同的名牌大学、都曾任职于著名跨国公司，而且二人都对工作充满高度的热情与信心，迫切希望通过自己的努力做出成就。在公司举行的欢迎会上，两个人都向董事会许下承诺：一年半之内会让自己所负责的区域市场有很大的改变。

在正式接过令箭牌之后，他们两同时做的第一件事就是改革，从体制、人员和营销方案上等，引入外资公司一套成熟的制度进行实践。虽然职业背景非常相似，但戴明和方铮两人的工作风格却大相径庭。戴明很有外企经理人的工作风范，做事雷厉风行，而且说话直言不讳。他的洞察力与市场判断力，让许多下属很是佩服。而方铮却很像职场版的"许三多"，平时总是憨憨而笑，性格不温不火，做事淡定从容。许多人都认为戴明将会比方铮更能做出成绩。

一年的时间过去了，方铮提前兑现自己的诺言，戴明主管的那块市场还是像死水一般，在期限到来之前，局面扭转的可能性几乎为零。

上述故事中的戴明做事风风火火、雷厉风行，而方铮则给人憨憨傻傻的感觉，按理说肯定是戴明能够成功，结果却大出人们的意料。其实，这样的结局亦是在意料之中。戴明自以为聪明，方铮让人觉得自己很"傻"，其实他才是真正地聪明。

所谓的"装傻"也就是说要有一种"钝感力"。"钝感力"一词是日本著名作家渡边淳一的发明。按照渡边淳一自己的解释，"钝感力"可直译为"迟钝的力量"，即从容面对生活中的挫折和伤痛，坚定地朝着自己的方向前进，它是"赢得美好生活的手段和智慧"。

让我们具有"钝感力"并不是就要变得迟钝，它强调的是对逆境的一种耐力，是厚着脸皮对抗外界的能力。"钝感力"仍是一种积极向上的人生

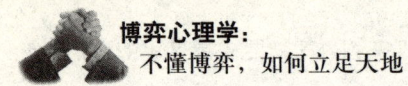

态度。"钝感"感觉有点像大智若愚的含义。我们生活在一个快节奏的社会里，现代人的敏感经常容易受到外界的伤害，而钝感虽留给人感觉迟钝、木讷的负面印象，却能让人们不会觉得烦恼，不会气馁，钝感力恰似一种不让自己受伤的力量。在各自世界里取得成功的人士，其内心深处一定隐藏着一种绝妙的钝感力。《士兵突击》中许三多形象之所以广受欢迎，正好是说明了钝感力的妙处所在。

职场就是一个弱肉强食、尔虞我诈的生态圈，在这个圈子里，大家互相竞争、斗争在所难免，弱肉强食、优胜劣汰也是常态。保持一定的敏感度是必要的，但是更为重要的是对自己价值的内在认同、对目标实现的不变坚持，从而在努力过程中，有意识地去排除各种杂音与干扰。正是这种貌似"迟钝"的顽强意志使人能够突破重重障碍，步步向前，最终实现自己的发展梦想。迟钝是一种大智慧，是大智若愚的表现，它比"聪明"更能帮助人成长与进步。

因此，在职场上，那些自以为聪明的人，往往是跑龙套的命。那些会"装傻"的人才是真正聪明的人。他们是大智若愚，该精明时精明，不该精明时装傻。

时刻保持微笑，爱笑的孩子有糖吃

不把同事看成是朋友是很多职场人士的信条，然而，不把同事当敌人却是职场中的很多人所忽略的。身在职场，我们不能够对同事怒目相视，在职

第三章 职场博弈：来到公司就要懂得这里的法则

场上最得体的表情便是微笑。尤其是刚踏上工作岗位的毕业生一定要学会微笑。因为"爱笑的孩子有糖吃"，在职场中，爱笑的人才会得到你想要的。在职场上只有微笑，才能建立良好的人际关系，顺利地开展工作。

在工作中，微笑不再是真情流露，微笑成为一种职业表情，即使是跟别人吵了架，跟家里闹翻了天，或者破财遇祸事，都不能把这些沮丧的心情挂在脸上。每天出门前，把一切负面情绪都咽到肚子里，然后面带微笑迎接新一天的开始。

时间长了，我们就会发现每天面带微笑会给自己带来许多意外收获，因为，微笑不仅是友好的标志，也是礼貌的象征。在工作过程中，微笑能加深同事间的感情，调节工作紧张的氛围。

关敏刚到公司上班时让很多同事都感到惊叹，人们经常私下议论：这个小姑娘年纪轻轻，脸上却让人看不出任何情绪波动的痕迹。这主要得益于关敏大学毕业前在肯德基打工的经历。肯德基要求服务员学会"微笑服务"，他们每天都强调：顾客对了，要对他们微笑；顾客无理取闹，也要对他们微笑，并且耐心地解释。这对一个心高气傲的年轻人来说，是耐心和毅力的很大考验。开始觉得不习惯，不适应，觉得委屈，时间长了，关敏发现，微笑是一种非常好的与别人沟通的方式。也是因为这段经历，让她尝到了微笑的甜头，并把它带到了毕业后的正式工作中来。

关敏现在并非做一线的服务行业了，而是成为了办公室里的一个小白领，每天在自己的方圆一平米内与电脑交流。但是即使如此，每当有人跟关敏说话时，关敏下意识的表情都是嘴角上弯，小虎牙微露，让对方还未说话心情便已豁然开朗。久而久之，同事们都很喜欢这个每天带笑的小姑娘。也有人批评关敏的微笑太职业，不算真正发自内心的笑，

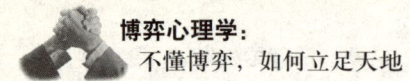

但是关敏觉得即使在自己心情郁闷的时候也能微笑着对待别人，这也充分表明了对对方的尊重。

其实，最美的微笑不是与生俱来的，而是训练出来的。有些职场人不习惯微笑，那么就得花大时间练习了，即使不能达到炉火纯青的地步，那么在心情低落时努力笑一笑，哪怕是假装微笑，也会让自己的心情好一些。

怎样微笑才是最美的，那就是由嘴巴、眼神和眉毛器官协调完成的。与此同时，微笑也要讲究度，交谈中哈哈大笑，不仅会让对方感到反感，也会让大家十分尴尬，微笑如果加上得体的手势或者肢体语言，会更加地自然、大方，效果立竿见影。

其实，在工作中微笑更多的是表达对对方的尊重，尽管可能心里不赞同对方的做法，我们还是要保持微笑。大部分时候，微笑与心情好坏无关，而是源自对他人的尊重和礼貌。

初入职场，更要懂得相处之道

大学毕业生参加工作之后，首先要做的事情，就是和周围的人搞好关系。人际关系好的人，在职场更受重视。很多的人对于这一点并没有真正地重视，因此一直在就职道路上遇到障碍，也就没什么奇怪的了。

小冯参加工作两年多了。在他初入职的时候，还有一个他的同学

第三章 职场博弈：来到公司就要懂得这里的法则

也一起迈入了公司的大门。小冯觉得自己无论从哪个方面来讲，都比自己的同学优秀得多，他对自己将来充满了信心，觉得用不了多久，自己和同学之间一定会出现一条分水岭，自己一定会在工作上取得杰出的成就，而同学则不大有这种可能。

但是他的这种想法却在现实生活中碰了壁，他当初设想的一切好运全部落到了同学身上，他自己却一直处于不温不火的状态——待遇不高但也过得去，职位一直维持在初进公司时的水平。虽然他的成绩有目共睹，领导也曾多次夸奖他是一个能力很强的员工，但是升职却与他无缘。相反，他的同学却一路顺风顺水，不断攀上职业的高峰。

在这种情况下，小冯自然想不通，向朋友大倒苦水。

于是朋友问他："你觉得你输给自己同学的主要原因是什么？"

小冯想了半天说道："我觉得主要是人际关系吧。我同学的人缘特别好，谁都帮着他，护着他。但是大家却不支持我，总是在领导面前告我的状。幸亏我的业务做得好，要不然早就被扫地出门了。"

朋友听了劝告他回去之后要与同事搞好关系，因为这也影响到升职。

小冯却不理解，他认为能力才是工作中最重要的。如果升职的话，他的能力是最强的。领导之所以不器重他，是因为领导偏听偏信的结果。

小冯的看法其实并不正确。我想大家都听说过"得人心者得天下"这句话吧。一个好相处的人，势必会把别人团结在自己周围，平时在工作中也会左右逢源，事半功倍。相反，如果一个人在工作的过程中，总是不能与同事搞好关系，即使你的能力强，也会感到处处受到牵制，处处有人与你为难，这样，不仅自己的能力打了折扣，而且会让领导对你产生不好的印象。这

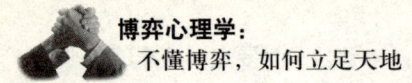

样，要想得到升职，就成了比登天还难的事情。

我觉得一个心态成熟的人，能力强是一个方面，还要有与大家相处的亲和力。你要用一种真挚诚恳的态度对待别人，这样的沟通才会起到很好的效果。这样，你就会在遇到困难的时候，得到大家的帮助。大家的帮助对于一位初入职场的新人而言是非常重要的。如果你的性格不好，让大家避而远之，都讨厌你，那么即使你的能力再强，恐怕也会成为公司内不受欢迎的人。

那么如何做一个好相处的人呢？笔者的观点是：一个好相处的人，必定有着积极的生活态度。心态不同，做事的方法也不同，得到的结果更不相同。一个好的生活态度，会有利于同别人的沟通。如果你以这种积极心态对待别人，也会换来同样的回报。

沟通方式也是与别人相处的一项重要内容。如果你能有效地与别人沟通，那么就会让人觉得你这个人好相处。卡耐基认为："成功与否，与其说在于交流沟通的内容，不如说在于交流沟通的方式。"在日常生活中，要懂得如何与别人有效地沟通。有了良好的沟通，办起事来就会事半功倍。

另外重要的一点就是要学会宽容。在与别人相处的过程中，个性的差异会成为矛盾的导火索。当我们与别人之间产生矛盾的时候，宽容的心会让我们巧妙地化干戈为玉帛，很快消除误会，重归于好。

大家都喜欢接近宽容的人，这对于我们的工作无疑是非常有帮助的。在工作的时候，不同的性别、家庭教育、年龄层次、知识层面等，都使我们对人对事的想法和做法千差万别。要想与这些不同的人打好交道，就必须学会宽容，不必纠结在一些芝麻绿豆大的小事上，于人于己都有好处。

在工作的过程中，要做到谦虚。谦虚是一种美德，这种美德对于每个人而言都是不可缺少的。无论我们在哪个公司，无论我们从事什么工作，都必须虚心。大学毕业生初入职场，如果没有一颗谦虚的心，那么就会狂妄自大，看不起别人。过度的自信会让我们难以放低姿态去向别人学习，我们的能力就会在自尊心膨胀的过程中止步不前。

有了这种心态我们是不会取得进步的，自然职业前景也就会变得不容乐观。更有甚者，还会在过度的自信中，变成办公室人们的"公敌"，让大家对我们避而远之。这种人要获得老板的青睐，无异于痴人说梦。因为即使我们能力再强，老板也不可能得罪整个公司的人把我们留下来。

还有就是要学会低调做人，高调做事。谨慎地做人，这样别人就不会对我们有敌意，这也是我们获得别人认可的首要条件。大家会喜欢一个低调的职场新人，而不会去关注一个目中无人、夸夸其谈的新人。如果谁这样做了，那么也许就会碰钉子。而一个低调的人则不会成为大家的眼中钉。低调的人很容易博得别人的好感，让大家感觉我们好接近，容易相处，更乐意与我们在一起工作。这样对于我们工作的提高是非常有帮助的。

如果我们是一个好相处的人，就会在初入职场的时候与同事之间拉近彼此的距离，形成共同的意识，尽快地融入到公司的文化当中。在这种情况下，获得老板的好感也是在情理之中的。做到这些，升职加薪离我们也就不远了。

别太高估自己的学历，进入公司那只是张纸

正如高楼大厦平地起一样，成功也是没有捷径的，成功需要一个过程。成功的不二法门，就是积累实力。要是没有实力，就算是有再多的人脉也无

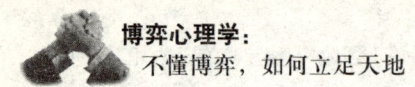
博弈心理学：
不懂博弈，如何立足天地

济于事。我们只有拥有稳扎稳打的实力，才能充满自信，即使前面有一道鸿沟，我们也能一跃而过，最终到达成功的彼岸。

有些人认为自己的学历高，于是在工作中就眼高手低，不踏踏实实地做事情而只是空谈一些高深的理论，这种人迟早会被现实淘汰。其实做好眼前的事情才是我们每个在职场上的人必须具备的基本态度，因为这更是一种能力的表现。一个人有远大的志向固然是件好事，但千万不要脱离实际，更不能整日沉溺在虚幻的想象之中。

大学毕业后的李东，从事的第一份工作是和车间有关的，每天长达10个小时，坐在机器旁分拣出流水线上的不合格产品就是他的工作，不仅工作时间长，而且十分辛苦。当时，和他同一批进车间的大学生都选择辞职了，因为他们觉得这样的工作太枯燥、简单，不适合他们大学生。但李东还是选择了坚持，每天踏踏实实地工作着。

李东觉得，做任何事情总得有个过程，一步登天那是不可能的，而车间确实是能锻炼人的地方，于是静下心来埋头苦干，结果在半年之后顺利地成为了中层领导。领导对他的评价是：能吃苦，会钻研，扎实肯干，是个难得的人才。

在职场中能够认真对待上司交给的每一件事、把平凡的工作做得近乎完美的人，总是能受到上司的欢迎和器重。我们不管做什么事情都不要急功近利，"勿以善小而不为"。要想获得成功，先要修炼自我的心境、沉淀自己的情绪。从零做起，从"小善"做起，从眼前的小事做起。

在竞争如此激烈的现代社会，想找个理想的工作并不容易，这既与社会环境有关，也与求职者的心理有关。一些刚毕业的求职者自命清高、好高骛远，小事不愿做，大事做不了，以致牢骚满腹，虚度了不少时光。在当今

第三章　职场博弈：来到公司就要懂得这里的法则

社会，几乎所有的年轻人都胸怀大志、满腔热血，但是成功需要从一点一滴做起，空有抱负是远远不够的。如果不把眼前的事情做好，必将一事无成。"一屋不扫，何以扫天下？"不要看轻任何一项工作，没有人可以一步登天。认真对待每一件小事，我们就会发现自己的人生之路越走越宽，成功的机遇也会接踵而来。

一个公司职员正在大街上走，一个腼腆的女孩发给他两张广告单。那个职员问她："你为什么给我两张同样的广告单呢？"女孩羞涩一笑："我们有任务的，发完这些才可以回家。"继续朝前，那位职员发现刚才那个女孩其实并不贪心。一路上，有一下塞给他三张五张的，更有甚者，把一沓广告单都塞进他手里然后笑嘻嘻地离去。至于如何处理这些广告单子，自然与他们无关。

这时，那位职员又发现了一个正在发广告单的男孩。他站在太阳底下，手上捧着一沓广告单，站在十字路口往行人手上递广告单，一人一张，并不多给。他看上去有点疲倦，但脸上始终呈现出真诚的微笑。他对每一个接纳广告单的行人说："谢谢。"

那位职员伸出手去，向他索要广告单。他憨厚地一笑，摇摇头："大哥，您手上已经有不少了，我不能再给您了。"那位职员望着那个男孩，心中有些感慨："来，我帮你一起发！"

夜幕降临时，他们终于发完了所有的广告。最后，那位职员从兜里掏出一张名片，说："明天，你按这个地址来找我吧。"

其实，这些年轻人都是那位职员公司新招的大学毕业生。公司为了磨练他们，安排他们上街分发广告单。而那位职员是经理派出的"密探"，旨在从这些新人中筛选出一名诚实可靠、吃苦耐劳的人做业务主管。

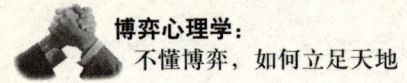
博弈心理学：
不懂博弈，如何立足天地

那位职员决定竭力举荐那个男孩，因为他认为没有谁比一个脚踏实地的人更值得信任。

看完这个小故事，我们的心里会有什么样的感触呢？我们是不是已经明白了脚踏实地的重要性？与脚踏实地相反，急于求成反而坏事。其中的道理很简单，想想现实生活中，如果我们太想写好字时手总是在颤抖，太想踢进球时脚总不听使唤，太想在考官面前好好表现时总紧张得说不出话来。其实，这都是我们急于求成的后果。

正如意大利民谚所说的那样："走得慢且坚持到底的人才是真正走得快的人。"其实，我们不辞劳苦地在脚下多垫些"砖头"，就是希望能早点看到我们期盼已久的风景，摘到挂在高处的诱人果实。

隐藏不是默默无闻，该出手时要出手

大学生们进入到求职状态的时候，在各个公司求职的过程并不漫长。一次面试或者笔试只有短短的几十分钟，这就要求求职者在这几十分钟内勇敢地"曝光"自己。如果这种时候你害羞、脸皮薄，那么就会失去很多适合自己的工作机会。

勇敢地曝光自己，做一份合适的简历，尽量向别人展示自己的实力。要敢于展示，善于展示，这就是"亮剑"。在这个世界上，如果我们一直不懂得表现自己，那么等待我们的将是失败。要知道，不会表现自己的能力就代

第三章　职场博弈：来到公司就要懂得这里的法则

表我们没有能力，只有不遗余力地推销自己，变消极的等待为积极的争取，才会加快成功的步伐。

如果已经成为职场新人，那么在职场中也要注意要恰当地展示自己，勇敢地"曝光"自己。

曾经红极一时的《杜拉拉升职记》中，刚刚进入大公司的杜拉拉还是个职场菜鸟，高档写字楼对她来说只能算"看上去很美"，月薪2500元，日子拮据，只能靠爬楼梯锻炼身体。但是杜拉拉并没有甘于行政助理这一小小职位，她没事给自己找活干，费心制作了公司的介绍册，图文并茂，这次"曝光"自己的能力给大老板留下了深刻的印象。随后公司装修，玫瑰称病请假，杜拉拉勇敢接下了烂摊子，卖苦力大干一场。虽说功劳被玫瑰抢走了，但是她的表现博得了上司的好感。而这次装修给大老板留下的肯吃苦印象直接影响到大老板把她升迁为王伟的秘书。尽管做王伟秘书的工作有些琐碎，但是杜拉拉志存高远，她通过考试培训来完善HR职业技能的拓展。

在公司的内部招聘会上，她勇敢地曝光自己，在自荐会上表现得有礼有节，说出了自己一系列的优势。正因为杜拉拉勇敢地曝光自己的长处，大老板一点头，杜拉拉的升职路就算打开了局面。从小秘书到HR经理，杜拉拉这个翻身仗打得漂亮。

俗话说："勇猛的老鹰，通常都把它们尖利的爪牙露在外面。"如果我们没有学会在适当的场合、适当的时机展示自己，不懂得把自己的专业能力和综合素质展现给领导和同事，那么，即使我们拥有较强的专业技能和较高的素质，也不会在职场上发光。因为，我们的上司和同事根本就不清楚我们究竟有多大的能力。

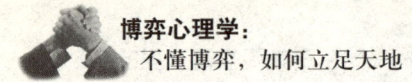

博弈心理学：
不懂博弈，如何立足天地

在职场中，老板每天要面对那么多的下属。在老板的眼里，我们只是其中最普通的一员，所以，老板不可能把关注的目光每天投到我们的身上。不管我们平时工作多么努力，我们得到的也许并不多。甚至很多时候，事情本来是我们做的，但是功劳却落到别人头上。这些对我们来说不公正的待遇实际上都来源于我们自己的内心。我们从未意识到，职场上的成功是由三个要素决定的，即专业表现、能见度和个人形象。其中能见度所占比重是60%。那么，职场中的能见度来源于哪里？我们仔细想一想，就会清楚，职场能见度在很大程度上来自于我们自己的自我曝光。从某种意义上说，工作中考验的不是我们是否做得好，而是我们是否懂得如何能让别人看到我们的才华和优点。

陈岚和张遂是同期进入公司的大学毕业生。陈岚对自己的要求是做好事情再说话，他埋头苦干，把自己的工作处理得井井有条。他不喜欢在上司面前主动张扬自己的功劳，中国传统的谦逊观念让他觉得老板应该可以看到自己的工作业绩，主动张扬实在是有些不好意思。开会时，他几乎不发言，他担心自己不够优秀的见解会让老板对自己产生坏印象。而张遂几乎和他相反。午餐时凑到主管桌前，跟主管谈刚学过的管理学课程。在开会时，他甚至把自己不很成熟的想法拿到会议上去讲。陈岚暗暗嘲笑张遂的无知无畏。

可是令陈岚没有想到的是，看上去没有什么工作能力的张遂居然很快升职，而业务能力远远超过张遂的自己却依旧原地踏步。

实际上，现在是一个讲求自我曝光的年代，如果我们害羞，以为金子总会发光，不跳出"清高"的身份，那么，是没有多少人愿意耐心地去发掘我们的才能的。把自己的能力和素质以及特长适时地展示给领导对于职业的发

第三章　职场博弈：来到公司就要懂得这里的法则

展是非常重要的事情。

想要在激烈的竞争中取得优势，就要学会让别人了解自己，大胆地在人前表现自己勇于和比自己厉害的人过招。只要敢尝试，就算是失败也不要紧。

华罗庚小时候在一个乡镇的小学自学，他却有勇气对大数学家苏家驹的理论提出质疑；物理学家伽利略年轻的时候，就向先师亚里士多德挑战；爱因斯坦在牛顿力学取得辉煌成就、成为物理学界绝对权威的时候，却提出了相对论的设想，认为牛顿力学只是大千世界中物体处于宏观低速运动中才适用的规律。正是因为他们的勇于曝光，华罗庚提早闯进数学王国的神秘宫殿；伽利略提出的 "如果毫无摩擦，运动着的物体便会永远运动下去"这一大胆的设想发展成了牛顿第一定律；而爱因斯坦的相对论的见解推动了自然科学的发展。

弄斧到班门，也是需要一定技巧的。

当年，享誉德国、显赫欧洲的物理学家沃尔夫的弟子罗蒙诺索夫发表了点名批评他的化学论文。一时间，舆论哗然，许多人为教授鸣不平，批评学生是班门弄斧者。没想到教授却非常得意，他告诉媒体那篇文章是他推荐到《德国科学》上发表的。原来，罗蒙诺索夫的"弄斧"技巧非常高明。他没有直接将文章发表，而是先恭恭敬敬地送给老师请教，在老师面前卖弄了一回漂亮的"斧技"。

正是因为罗蒙诺索夫的勇敢曝光自己，他很快成为世界闻名的科学家。教授也因自己宽容大度，在与学生的讨论中受益，知名度随之提高。

在职场中要想混出头，不能等着机会找上门，我们应该主动出击抓住机会施展自己的才华。这样在伯乐上门相才的时候，才会根据我们显露的才华

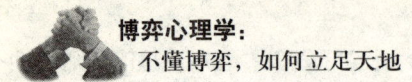
博弈心理学：
不懂博弈，如何立足天地

看中我们。

哈维·柯尔曼为IBM公司工作了十一年，大部分时间里他都从事管理的工作。他目前正担任美国电报电话公司、可口可乐公司及默克等公司的顾问，对于升职他有自己的看法。他认为，在当今这个时代，很多人工作表现都很好。但是并不是每一个工作表现好的人都会获得升职加薪，升职加薪的关键在于有多少人知道你的存在和你工作的内容以及你在公司中的地位影响力有多大。

曾任Goggle中国区总裁的李开复，在他担任苹果公司技术工作的时候，有一段时间公司的经营状况欠佳，员工们士气低落。李开复并没有随波逐流，而是写了一份题为"如果通过互动式多媒体再现苹果昔日辉煌"的报告，他认为苹果公司有很多很好的媒体技术，但是却没有用户界面设计领域的专家介入，因此无法形成简便、易用的软件产品。

这份报告让公司高层十分关注，而且引起了副总裁的高度重视。结果，公司决定发展简便易用的多媒体软件，接受了这个小小的建议。而李开复则被任命为互动多媒体部门的总监，创造了职场三级跳的传奇。

李开复职场的成功得益于他的自我曝光。他的报告让上司看到他对公司战略方面的把握，因此给了他升任总监直至后来升任副总裁的机会。可见，在恰当的时候勇敢地曝光自己，积极为公司的发展献计献策的员工，必定会受到重用。

如果你想得到快速的晋升，不妨从勇于自我曝光开始。

第三章　职场博弈：来到公司就要懂得这里的法则

在职场，多注意自己的言谈举止

在职场中，注意自己的言谈举止很重要。如果我们的言谈举止触犯到了对方的利益，对方一定会想方设法报复，这样我们就很有可能会成为对方的靶子。

做人做事一定要保持低调，言行中要平和，不过分地张扬个性，就不会导致别人对我们产生敌意，才能避免成为别人进攻的靶子。

如果我们经常感情用事，说话很随便，甚至因为一点成绩就得意忘形，这些不好的言行习惯会在交际中给我们带来阻碍。当我们的这些言行超出别人容忍程度的时候，别人必定会找各种机会给我们小鞋穿，把我们当成活靶子，甚至还会杀鸡给猴看。

梅朵研究生毕业，凭着自己的实力参加考试，过五关斩六将才挤进了公司。虽然进了公司，却只是个小职员。

公司在办公区有个不大不小的休息室，是员工们吃午饭、喝咖啡、喝茶的场所，也是休息时闲聊的地方，有很多闲话都是从这里传出来的。

有一次，梅朵去休息室冲咖啡，正好遇到两个同事正在闲聊。她们看到梅朵进来，也把梅朵拉进了闲聊的话题。

一个同事说："你们知道吗？听说咱们经理是胡总的小蜜。那次胡

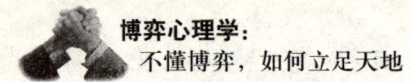

总来咱们部门视察时,他俩的眼神可暧昧了。"

另一个同事也说:"就是就是。那次胡总一进经理的办公室,经理就把百叶窗给拉上了,两人不知道在里面干什么。"

梅朵这时插话道:"听说经理只有高中文凭。我们这些大学生、研究生还不如一个高中生。经理的能力实在是不敢恭维。"

当这句话说完后,梅朵就后悔了。这两个同事在公司很久了,她们之间说什么,自然是没事的。可是自己说的话会不会被她们传出去,那就不一定了。想到这儿,梅朵紧张地离开了休息室。

没几天,梅朵被公司辞退了,原因是那两个同事告了黑状。她们把自己说过的那些闲话都推到梅朵的身上,并说给经理听了。两人怕梅朵会把她们说的话传出去,就先下手了。

梅朵知道被辞的真正原因之后,后悔不该听两个同事的闲话,更不该说那一句对经理不满的话。正因为自己言行不当,才导致自己被别人当了靶子。

注意言谈举止,就是在职场中,要知道并明白哪些话该说,哪些话不该说;还有哪些事该做,哪些事不该做。

同样,在什么样的人面前该说什么样的话,做什么样的事,以及不该说什么,不该做什么,都要经过思考,然后做到谨言慎行。

当我们在职场中做到了谨言慎行,才不会被人抓住把柄。如果你没有注意自己的言谈举止,很可能因为很小的一个细节,就有可能被别人利用,并成为别人的靶子。

在职场中,谨言慎行是很重要的一方面。有才华,有能力是好事,但如果我们不懂得收敛,不懂得隐忍,在人世中也是很难立足的,甚至会给我们招来灾祸。

第三章　职场博弈：来到公司就要懂得这里的法则

不管一个人多么有权有势，只要他过分地张扬，过分地狂妄自大，傲慢无礼，就不会有好的结局，这是有前车之鉴的。为了平顺的人生，做人只有谨言慎行，才能叱咤职场。

我们需要练就自我控制能力。因为在职场中，懂得自我控制的人才不会轻易受到情绪制约，不会在冲动之下，做出伤害他人、给自己的职场生涯埋下隐患的事。

就算在面对自己不喜欢的人或者是自己厌恶的事情时，也不要轻易表露出自己的情绪。不必强迫自己喜欢对方，但需要礼貌而真诚地问候对方。如果我们无所顾忌，说话做事随心所欲，不在乎别人的感受，这样就会成为别人攻击的靶子。

在职场中，如果我们想有一个持续平稳的发展，就要学会收敛自己的个性，学会谨言慎行、不张扬。否则，终有一天，我们会得罪别人，别人会给我们制造麻烦，打击我们。即使事情与我们无关，我们也可能成为替罪羔羊。

柳莹是一家公司策划部的副经理，她业绩突出，多才多艺，能力很强，长得也挺漂亮，在公司却很不受欢迎。

柳莹刚进入公司的时候，凭借自己深厚的专业能力，经常能给上司提出很好的想法和建议。再加上她工作努力，同事对她的评价都不错。

在公司的集体舞会上，她能歌善舞，非常活跃。同事们一起去唱歌，她也是抢尽了风头，吸引了公司男同事的目光。

工作闲暇，女同事们总喜欢谈论一些穿着打扮的事情，而她这时总会无所顾忌地指出女同事们的不足之处。渐渐地，很多同事就都开始讨厌她。

柳莹在公司工作了三年，竟然没有建立起自己的人脉网，公司的新

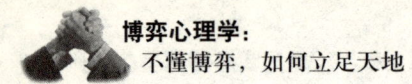
博弈心理学：
不懂博弈，如何立足天地

老员工都明显地孤立她。因为她的争强好胜，多次导致工作出现问题，上司在多次劝告她无效后，让她另谋高就。

在职场中，跟他人交往的时候，要懂得收敛自己的锋芒，不要认为自己是最优秀的。不要随心所欲地想干什么就干什么，想说什么就说什么。要多站在别人的角度思考问题，如果能站在他人的角度上思考，这样才能了解别人的真正意图，也才不致树敌太多，让自己被孤立，并成为靶子。有些事，能让给别人做的，就让给别人做；有些话，能让给别人说的，就让给别人说；有些风头或功劳能让给别人抢的，就让给别人抢。

总之，我们要谦和、不多事、谨言慎行，才能平顺。隐藏自己的锐气，做一个成熟而有城府的人，我们的路就会好走很多。

一些人多嘴杂的场合，我们一定要远离并保持距离。说闲话，听闲话，最终我们会落闲话。闲话的目标人物最后就会成为我们。不说别人闲话，不掺和别人闲话的谈论，那些麻烦事就不会找上我们。

不要把自己的心里话说给某些人听。否则，我们在与对方有利益冲突的时候，对方知道了我们内心真实的想法，会利用我们的心理弱点，明里暗里打击我们。这样我们就成了别人的活靶子。

在与比我们位高的人交往时，一定要谦卑。不要指出他的错误，不要违背他的意思，不超越对方，要顺着对方。这样我们才能免于与对方产生矛盾或冲突。

言谈举止决定我们的职场生涯，我们要注意自己的言谈举止，尽量避免因为言行问题伤害到别人，导致自己职场交际中的失败。

第三章　职场博弈：来到公司就要懂得这里的法则

办公司也是派系林立，一定要掌握其中博弈之道

大家都知道军阀混战时期吧，各大派系争抢地盘，斗争不断。其实在办公室的政治中，也是这样。对于刚毕业的大学生来说，一定不要卷入到派系斗争里面去，否则有可能因为站错了队伍而受到牵连和伤害。

对于一个职场人而言，最重要的是规规矩矩地做好自己手头的事情。

小吴是新来的员工，他初入公司的时候，什么也不懂，而且也缺乏工作经验。办公室里的老王工作多年，很喜欢他，于是经常手把手地教他做一些事情。时间久了，小吴对于老王充满了感激。

公司里还有一位员工老张，和老王的关系非常不好，两个人都是接替下任经理的重要候选人，所以大家平时对于他们的争斗都作壁上观。谁也不知道这场战争将来会出现什么样的结果，因此，明哲保身成为了每一个人的惯常做法。

小吴却没有认清形势，他特别讨厌老张，其实两个人之间倒是没有什么利益纠纷，只不过小吴为了回报老王的帮助，一心想做点什么。

机会很快就来了，公司新来的一位大客户提出了一个想法，让公司的人做出一个具体的设计方案。公司的老总让手下人分成了两组，分别根据客户的要求进行设计。两个小组一个是以老张为首的，还有一个是以老王为首的。

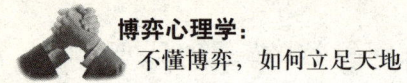

博弈心理学：
不懂博弈，如何立足天地

　　小吴非常想帮上老王的忙。在老王的暗示下，他找了一个机会，在下班之后偷偷打开了老张的电脑，利用自己的电脑技术破译了对方的密码，然后偷看了对方的一部分数据和资料。

　　他把这些内容都告诉了老王，当然，这样他们就占了先机，在技术上领先了一步。他们设计的方案也得到了客户的认可。很快，老王领导的一组人胜出了。但是当大家庆祝的时候，小吴却被叫到了总经理办公室。他做的事情被一位偶然返回的同事看在了眼中，自然也就传到了总经理的耳朵里面。经理二话没说，直接请他走人。在经理的眼中，他是一位道德败坏的人。

　　小吴的下场很惨，当事情被传扬出去之后，他遭到了同行的封杀，很长的时间都找不到工作。在这种情况之下，他没有别的办法，只好去外地找工作。

　　小吴的事情让很多的人听了都长吁短叹。很多时候，我们不明白自己究竟站在哪个派系才好。也许不经意之间，我们就会成为派系争斗的牺牲品。很多的时候，我们都会觉得自己左右为难，备受煎熬。那么怎么做才是最合适的呢？

　　其实办公室政治是很常见的事情，没有必要大惊小怪。那么在我们进入一家新公司前，我们不妨先进行理智的判断。

　　首先，你要分析一下公司的风气如何，公司的老板对于手下员工的态度，是侧重员工的能力还是侧重关系。如果是前者，那么派系斗争对于我们的影响还小一些，如果是后者，那么我们就要小心了，不要让自己陷入麻烦当中。

　　其次，我们要看一下公司员工的流动率如何，如果人员流动过于频繁，企业的内部有可能存在管理问题，那么我们离开这家公司，就可以摆脱政治

第三章 职场博弈：来到公司就要懂得这里的法则

斗争的困扰，这样的公司也很难在市场的竞争中长期维持下去。还有就是公司的领导风格怎么样，他对于员工的态度如何，如果他本身没有风度，不公正严明，那么时间长了，公司的发展也好不到哪去，你也可能因此而受到影响。

当我们身陷争斗之后，我们要明确的是公司的发展前景如何，如果公司在同行中始终占有一席之地，而且公司的实力很强大，那么我们还是坚持一下为好，咬紧牙关继续锻炼，这样下去，终会有拨云见日的一天。如果我们转身离开，有可能会给自己的职业前途带来不必要的损失。

还有就是要看公司的管理如何。如果公司的管理混乱，那么个人的价值就得不到体现，这样的争斗就会变得没有任何意义，还是早早躲开为妙。当我们找到了新的东家之后，再离开也不迟。

其实"办公室政治"在哪都存在，并不是特殊的现象。新人一定要有"政治意识"，这种意识和能力也决定了你个人的工作成就。很多的时候，人是"政治性"的动物，你要学会适应这个环境，首先要学会保护自己，不要在派系的争斗中受到伤害。

要想立于不败之地，那么首先就要对情况了解清楚。一个新的环境中，首先要搞清楚谁是真正的掌权者。虽然公司会有许多的管理头衔，却并不是每一位管理者都有自己相应的实权。公司中总会有一些"隐权派"的人。比如说总经理最看重的职工，老板身边的红人，老总的秘书、配偶、亲戚等等，这些人的职位可能并不高，但是却掌握着"生杀"大权。

很多的时候，你要多向周围的同事请教，才能搞清楚状况。比如说每个掌权人的背景后台、与别人的关系、与经理的关系等等，这些人的性格、喜好如何，这些都会让你了解到公司的人事升迁及流动的依据。以后我们也要同这些人打交道，清楚地了解这些情况对于我们而言有利无害。

搞清楚情况之后，接下来就是要对掌权者以礼相待，维系良好关系。发

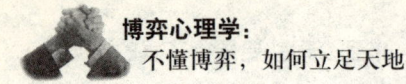

展良好的关系，并不是说让你天天去巴结奉承他们，而是以自己的真诚去对待别人，这样才会换来别人的真诚与帮助。当他们遇到困难的时候，我们一定要尽自己的所能去帮助对方。另外，还要表现出忠诚，当然，并不是对于某一个派系的忠诚，而是对公司的重视及忠诚。

在公司中，无论哪个部门、哪个阶层的同事都要友好相处，建立起亲密而友善的关系。无论是谁，都要把他们当成自己的朋友，这些人会让我们在办公室的派系斗争中占据有利的地位。当然，最好不要走入派系斗争，这样我们就会远离那些职场中的是非。

第四章　管理博弈：
驾驭下属没那么简单

第四章　管理博弈：驾驭下属没那么简单

越摆谱的领导，越没有员工愿为其效劳

树立权威不能只靠端架子，把官架子放下来，为人处世低调一点，看似少了些官威，实则是提升了自己的人品，提升了自己的威信。所以作为管理者，应该放下官架子，提升自己的亲和力，和员工打成一片。正所谓是："人格无贵贱，人品有高低。"作为老板或管理者一味地把自己看成是官的话，耍派头、逞威风，实则是降低了自己的人品，这样的领导不能服众。

认为自己高高在上的人最容易脱离群众。所谓的"官架子"，是用排场来抬高自己的傲慢姿态。时下很多人以老板自居，一副高高在上的姿态，居高自傲，听不进员工的意见，不关心员工的想法。平时喜欢对下属指手画脚，批评时更是声色俱厉，缺少谦和的态度。这些老板是否了解，他们的"谱"摆得越大，员工就越是对他们感到反感。长此以往，不仅不利于各项工作的开展，也会让员工和管理者的矛盾越来越深。

其实，当个好老板的秘诀，不在于"官谱"摆得大不大，而在于是否具有亲和力，是否得到了员工的认可和信赖，能不能让员工真正地信服和敬仰。那些喜欢摆"官谱"的老板，员工对他们总是"敬"而远之。所以，做老板的一定要放低姿态，只有这样才能换取员工对自己的忠心。

实践证明，具有亲和力的老板最讨人喜欢，更容易受到员工的敬仰和尊重。他们不端"官架子"，常常"忘掉"自己的身份，和员工们打成一

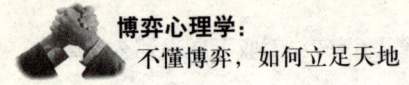

片。他们的亲和力慢慢化为了影响力，让员工死心塌地地跟着自己，为自己做事。

　　美国女企业家玫琳凯在长期的管理实践中发现，管理者和员工相处，最重要的一点就是放下官架子，以平等、关爱的态度对待他们，大家像朋友一样相处。这样，员工会以更杰出的工作业绩回报上级。

　　玫琳凯认为关心员工与公司赚钱这二者并不矛盾。她说："的确，我们是以赚钱为主，不过赚钱并不代表高于一切。在我看来，P与L的意义不仅仅是盈亏关系，它还意味着人与爱。"

　　玫琳凯不单单在工作、生活和相互交往上表现出对员工的这种关心与爱护，更表现在对员工错误的善意批评上。玫琳凯说："我认为，经常批评人的做法并不妥当。不是说不应当提出批评。有时，管理者必须明确表达出对某事的不满，但是一定要明确错在何处，而不是错在何人。如果有人做错事时经理不表明态度，那么这个管理者也确实过于'厚道'了；不过，经理在提出批评时，千万不要摆出盛气凌人的'官架子'，否则结果就可能会适得其反了。"

　　玫琳凯还认为，一个管理者应当做到当某人出错时，既在指出错误的同时，又能保护员工的自尊心。她说："每当有人走进我的办公室，我总是创造出一种易于交换意见的气氛。这一点很重要，只要我越过有形屏障——办公桌，那么创造这种气氛则易如反掌。我的办公桌象征着权力，它向坐在一旁的来人表明，我有权指示他应该如何如何。所以我总是越过那个有形的屏障，以朋友和同事而不是以领导者的身份与人交谈。因此，我们同坐在一张舒适的沙发上，在比较轻松的氛围中研究工作、解决问题。有时我还同来人握手拥抱，这样做能使坚冰消融，能使对方无拘无束。"

第四章　管理博弈：驾驭下属没那么简单

在谈到与员工相处时，玫琳凯说："我认为，老板同自己的员工保持亲密的关系是正确的，相反如果经理同自己的员工总是保持雇主与雇员的关系，那则是反常的。后者无助于最大限度地提高生产率，还会起到坏的作用。"

"当然，这并不是要求管理者一味地放低身段，凡事都有度，有时候也必须强硬和直言不讳。如果某人的工作总是不能让人满意，你必须要表明自己的看法，绝不能绕过这个问题。不过你必须保持既要关心、又要严格的表达方式。换句话说，你必须既起到管理的监督作用，必要时能够采取严格的行动。同时又必须对该员工表示你的爱和同情。如此才能使他们愿意接近你。"

工作中，玫琳凯就从不摆"官架子"，更不会随意地呵斥员工，在她的许多雇员眼里，她就像是慈母一样。他们认为，玫琳凯是十分关心他们的人，他们对她非常的信任。甚至她的雇员会对她说："我妈去世好几年了，我现在就把你当做妈妈……"每当听到这种话，玫琳凯就感到十分光荣和自豪。

是的，谁会喜欢一个整天板着脸的老板呢。如果我们完全可以做到让员工喜欢，那为什么不去做呢？最简单的方法就是因人而异地表现出你对他们的热情方式。你会发现：同一种人打交道，最好的方式是握手；但跟另外一种人打交道，最好的方式则换成了拍拍背。我们都听说过大夫对卧床的病人表示关心，同病人握手的情景。同样，管理者也应在沙发旁边对来人表示关心。还有一点，就是我们要把这些看做是感情的自然流露，做的时候要轻松和自然，否则会有做作的嫌疑。那样不仅不会拉近我们和员工的距离，反而会让员工反感，感到我们很虚伪，以致更加远离我们。因此，作为老板或者不同阶层的管理者都应走上前去，放下架子真诚地同来人握手、拥抱。这是

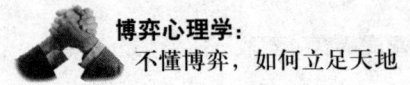
博弈心理学：
不懂博弈，如何立足天地

管理人的一个绝招。

如果一个老板在下属面前处处"打官腔"、"摆官谱"，那么他离"孤家寡人"的日子也就不远了，因为大家都讨厌这样的人。一个企业就像船一样，员工好似水一样，水能载舟，亦能覆舟。老板纵然是船的主人，但如果没有员工的努力，船也不会安然前行，所以即便我们是老板，和员工的区别也只是分工的不同，何不放下我们的"官架子"，与员工一起战斗呢？

管人要懂"攻心"，一句话就要让员工全力以赴

现在的员工要求自己不断学习，不断进步，他们越来越渴望施展自己的才华。《财富》杂志曾对工作环境比较好的100家公司的雇员作了一次这样的调查，员工们自发工作的理由千奇百怪，如先进的技术、激动人心的工作、在同一公司变换职位的机会、执行有挑战性的海外任务、在公司内部提升的前景、工作时间灵活并且有非常优厚的福利等。但让人感到意外的是，很少有人提到"钱"这个因素。

其实，在我们身边就有这样一些不惜辞掉高薪工作的人，转而跳槽到工资较低的公司去工作。为此，有关研究人员曾针对150个高级职员进行调查，调查结果显示，41%的人是因为晋升的机会有限而选择跳槽；25%的人选择跳槽是因为没有得到应有的赏识；只有15%的人是因为钱的因素，由此看来，现在的员工越来越重视自身能力的发挥。

员工注重个人能力的提高，他们不愿意重复没有挑战的工作。不要只想

第四章　管理博弈：驾驭下属没那么简单

着我们和员工之间只存在雇佣关系，那样的话，员工的积极性将无法得到充分调动，我们的企业也不会发展壮大，更别谈激发员工的潜能了。如果企业把这两者的关系当成是互惠互利的结合体，那情况就大不一样了。企业作为员工施展自己才能的平台，理应给予员工最大的信任和支持，当员工在工作中充分发挥才能的时候也就是企业将要腾飞的时刻。

在康柏公司，当员工准备转投其他公司的时候，公司不会为了挽留而开出加薪的条件，因为他们知道金钱并不能真正唤回员工对工作的渴望和热爱。同样，有人在参加康柏公司的招聘时，招聘者会问他们"希望公司能给你什么"，康柏想告诉这些人：你在康柏不仅仅得到的是钱，前途和发展才是康柏给你最大的财富。这些"隐性利益"也正是员工所想的。"隐性利益"就像职业发展的"利息"一样，这个"利息"比薪资更具价值，更能激发员工为企业创造价值的愿望。

如果我们把一个组织看成是一个由个人组成的社会团体，团体里的人们都互相信赖，都能畅所欲言，都能有机会发展，那么，管理者就是那种社团文化的设计者，他有责任创造那种氛围，并让那种文化得以不断地完善和发展。

优秀的管理者知道员工需要的是什么。戴尔认为，把公司的经营目标与员工的补助与奖金相结合，显然是一个对他们有很大鼓舞效果的方法。但更重要的是，必须想方设法把"发展前景"的观念灌输给员工，并进一步提升他们的才能，使他们发挥自身的全部潜力。为此，就要提高员工不断学习的意愿和能力。

平日里，戴尔通常提出各种问题来引导员工进行独立思考和学习，

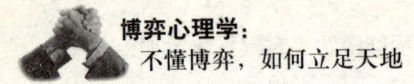
博弈心理学：
不懂博弈，如何立足天地

包括：如何才能让你在戴尔公司的工作变得更轻松、更有意义、更成功？如何了解顾客的喜好？什么是他们所需要的？他们希望看到我们什么样的进步？我们要如何改进？戴尔公司提出大量的问题供员工探讨，并且非常认真地聆听他们的意见。戴尔公司不管是在营运检讨、业务现状报告或小组讨论等会议上，都花了很多时间提问题。他们提出的议题，在现在看来是非常具有意义的。戴尔公司鼓励员工发挥好奇心，因为，没有任何一本操作手册可以提供最满意的答案。

在戴尔公司，员工们通过主动积极的思考、分析，在潜意识中已将自己当成了公司的主人翁，所有的付出都是自动自发、心甘情愿的。

可见，真正意义的人才，注重的是自己的成长性，自己的能力能否不断提高，是否有成长的机会，以及自己的发展空间是否与企业经营理念紧密相关，即对企业的认同感。要想留住真正的人才，让其得到发展的空间，就得靠事业来"攻心"。我们可以把留住人才比喻成是一项系统工程，贯穿于企业内部工作安排、内部晋升、员工培训、参与管理及职业发展计划等过程中。

如同"授人以鱼，不如授人以渔"的道理一样简单，每个人都渴望进步，没有什么比心理上的成就感更令人欢欣鼓舞的了。所以，让员工将企业提供给他的那份工作当做自己的事业，他必能自动自发地工作，最终的结果将是双赢。

第四章　管理博弈：驾驭下属没那么简单

调动员工积极性，给予他们最多的赞美

有时候调动员工的工作积极性，并不需要太多的物质奖励；人是有感情的高级动物，精神上更需要管理者给予必要的投入，这就是认可和赞美。马克·吐温说："得到一次赞美，我可以多活两个月。"赞美可以充分激发人的热情，是一种有效的管理模式，也是领导聚拢人心的有效手段之一。

美国一所大学的行为科学研究结果表明，肯定他人要比否定他人效果好，肯定一个人可以让他产生更积极的行为。"要想把飞虫逮住，就要多用蜜而不用醋。"管理下属的有效手段就是要常常认可和赞美他们。当然采用惩罚措施也是必要的，但也只能在迫不得已的时候才能用此下策。发现下属值得认可和赞美的地方，就一定要多加认可和赞美，长此以往，谁都愿意在我们的领导下干活。

一定要肯定和赞扬那些对工作尽心尽力的员工。薪资固然是重要的，但多数员工认为获得报酬只是一种权利，是他们工作付出的交换。正像一位著名的管理顾问所言："报酬是一种权利，给予肯定则是一件礼物。"

某君有天上班不久，就收到一条陌生人发来的短信："我是××银行营业部主任×××，谢谢您对我们服务工作的赞扬和勉励，您的评价我行领导非常重视，已特发通知号召全体职工向王、赵二人学习，我们将再接再厉进一步提高服务水准，以回报社会各界对我们的支持与

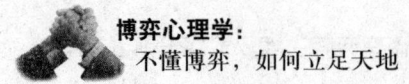

厚爱。"

原来，某君曾经发表了一篇文章，文章里表扬了该银行中与自己素不相识的青年员工王、赵二人，对他们良好的服务态度给予了赞美。本来这是一件小事，可银行领导竟然如此重视这件小事情，倒是令他始料不及。

于是，某君马上回复了这位主任一条短信，感谢他们对这件事的重视。过了一会儿，这位主任又打来电话，将经过详细说明了一遍，并表示总行的领导对此事进行了研究，很快向全行系统发出"关于进一步加强文明优质服务工作的通知"，要求各支行和各部门组织员工阅读和学习这位先生所发表的那篇文章，并号召全行员工向王、赵二人学习，进一步掀起文明优质服务的新高潮。

上例中的故事看似是件不起眼的小事，但若和赞美的价值联系在一起，意义就会有所不同了。凡有自尊心之人，没有不喜欢被别人赞美的，被赞美是一种莫大的幸福。"滴水之恩，当涌泉相报"，实事求是地热情赞美为自己提供优质服务的人，是一种"幸福的义务"。

赞美他人的同时，我们也会获得好心情。俗话说"赠人玫瑰，手有余香"，在他人得到你赞美的同时，你的精神世界也得到了升华。当我们眼前全都是下属们的笑容，"谢谢"之声不绝于耳，我们领导的团体才能更和谐地发展下去。

有许多的研究表明，赞扬与肯定下属最能使他们全力以赴地投入到工作中，高水平发挥自己的才能，可见赞扬和肯定的作用是巨大的。除拿到应得的薪水之外，员工们更关心他们在工作中所起的作用大不大，他们的努力有没有白费，他们有没有得到了领导应有的重视。一声真诚的肯定、赞美之语，既表达了我们对下属某种行为或价值的欣赏，也能大大鼓舞下属继续表

第四章　管理博弈：驾驭下属没那么简单

现出我们所赞赏的行为，使这种行为渐渐蔚然成风。这不仅是我们工作责任的体现，更是我们掌握全局、着眼整个工作环境的能力的表现。领导只有不吝啬自己的赞美、肯定之词，将赞美当礼物送给下属，才能赢得下属们更多的信赖，才能抓住他们的心。

领导是管理，别让自己成为了管家

每个人都有自己的岗位，都有自己的职责所在。尽管一个称职的管理者必须是一个"万事通"，但是，管理者不是"管家婆"，不能包揽一个企业大大小小的事。聪明的领导者就应该把自己手中的大部分权力分给各级管理人员以及每一个员工，这不仅能让他们有机会发挥自己的优势，而且能为自己省下更多的宝贵时间去做更重要的事情。

在管理实践中，有些管理者总是习惯把自己的重要性无限地扩张，什么事情都要过问，喜欢大小权力一把抓，喜欢大事小事一把抓，让自己忙得不可开交，就像只无头苍蝇一样。

只靠一个或几个管理者是不可能使企业发展壮大的，想要使企业壮大起来，必须依靠所有员工的努力才行，借助他们的才能和智慧，每个人都各尽职责，群策群力才能逐步把企业推向前进，这是一个企业发展的最佳道路。

郑于华是一家私人电脑公司的经理，他喜欢事事都亲力亲为，而不是放权让相关人员去办，因此，他每天都忙得焦头烂额，不仅要应付上

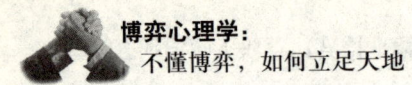

博弈心理学：
　　不懂博弈，如何立足天地

百份的文件，还要管理公司的其他大小事情。公司员工经常听到他抱怨说恨自己的手和脑袋不够用，要是再多一个脑袋或是多一双手就能应对更多的工作。后来，他感到自己这样做真的就像疲于奔命一样，于是他想给自己增添一位助手。但他后来又打住了这一念想，他认为增添一位助手只会让自己的办公桌上多一份报告而已。

在郑于华的公司里，人人都知道权力掌握在经理的手里，所以，每天他们都在等着经理下达正式指令。郑于华每天走进办公大楼的时候，他就开始被等在电梯口的职员团团围住，等他走进自己的办公室，已是满头大汗。

实际上，郑于华已经成为了真正意义上的大事小事一把抓的"管家婆"，而非一个管理者。作为公司的最高负责人，他的职责本应限于有关公司全局的工作，各部门员工本来就是各司其职，协助负责，以便留下更多的时间给他做公司的年度规划、人员调动等工作……优秀的管理者，他们懂得举重若轻的工作方式。郑于华则恰恰相反，他把工作做成了举轻若重，他将大量的时间都浪费在了一些毫无意义的小事上。这样的管理方式，根本无法带动并且推动公司的发展。

有一天，郑于华终于醒悟过来了，他把所有的员工关在电梯、自己的办公室外面，把所有无意义的文件抛出窗外。他把工作做了分工，并告诉员工遇到问题自己拿主意，不要来烦他。对于自己的秘书，他做出了明确规定，所有报告要经过筛选再递交，而且数量不能超过10份。刚开始，员工们都不适应郑于华的这个新规定，因为他们早已经习惯了袖手旁观，而今他们却要自己做出更多的决定，一时间真的是不知所措。

这种情况没有持续多久，公司便开始有条不紊地运转起来，各部门员工学会了行使自己的权力，他们的决定是那样地及时和准确无误，而且工作的效率也大幅度提高了，以往经常性的加班也没有了。郑于华终

第四章 管理博弈：驾驭下属没那么简单

于有了读小说的时间、看报的时间、喝咖啡的时间和进健身房的时间，他感到惬意极了。此时此刻，他才像一个真正的管理者。

可见，一个成功的优秀管理者，绝不是大事小事一把抓，而是懂得适当放权，让相关人员来处理。但是在放权时，管理者要注意以下几点。

——因事择人，视德才授权。因事择人，视德才授权是授权的最基本原则，根据员工的能力分配任务。利益分配、荣誉照顾这些并不等同于授权，授权的目的是为了把事情做好，因此，一定要选那些品行端正而又具才干的人，授之以权。

——不可轻易授权。凡是涉及有关组织的全局问题，就像决定组织的目标使命或是人员的升迁和任免等问题，均不可轻易授权。一般应当交给专门的政策研究机构或咨询机构提出决策分析方案，最后由高层管理者直接决策。

——及时给予被授权者指导，并对其表示关心和支持。被授权者坚强的后盾就是管理者，管理者应经常给予其指导，让他了解正确行使权力的方法，以此来预防在执行任务时产生错误，并帮助被授权者解决可能会出现的问题。

——授权不越级，不授权外之权。逐级管理负责制是现代管理体制，这种体制具有明显的层次性。所以，千万不要越级授权，而只能逐级进行，行使自己应有的权力。否则就会引起管理制度的混乱。

——权责同授，交待明确。授权时，管理者应该明确交待所授事项的责任、权力范围和完成标准给被授权者，让他们清楚自己有多大的权力，怎样行使权力，同时，要让他们知道自己的职责所在。

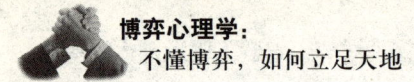
博弈心理学：
不懂博弈，如何立足天地

信任员工，就给予他们充分的权利

不懂得合理授权是经营者的大忌。某知名杂志曾以《你最不喜欢什么样的老板》为题向50位白领征询看法，结果收集来一箩筐意见，历数老板的种种致命缺点。其中包括骄傲自大，刚愎自用，不懂得充分授权和信任员工是答案中出现次数最多的。是的，没有信任，又谈何授权？很多时候，管理者虽然授权了，但并未能达到理想的效果，甚至降低了员工的工作积极性。到底是什么原因造成了这种现象呢？其实症结就在于授权时没有解决好信任问题。

日本"经营之神"松下幸之助曾经说："最成功的统御管理是让人乐于拼命而无怨无悔，实现这一切靠的就是信任。"所以，企业管理者既然已经授权给员工，就应该给予他们充分的信任。

有一年，宏碁公司进行内部人员调整。对于内部人员的调整，李焜耀不是很赞同，于是他想暂时离开宏碁。于是，他找到施振荣说："我想休息一段时间，带家人去瑞士学习一年。"施振荣说："不行，公司还有好多事情要你做呢，你走了怎么行？"李焜耀带有怨气地说："公司现在人才济济，也不缺我一个。"虽然施振荣听后有点心痛，但也没有更好的解决办法。作为宏碁的"一家之长"他不得不平衡好各种关系。临走时，施振荣对李焜耀说："你学习回来，我们再一起并肩

第四章 管理博弈：驾驭下属没那么简单

作战。"

李焜耀走后，施振荣想了很多事情，他一直在反省自己。他知道李焜耀是埋怨自己没有给他充分的权力、空间，发挥他的能力。其实，施振荣早就发现李焜耀是一个难得的人才，但同时他也有自己的顾虑。施振荣是了解李焜耀的，在众多弟子中李焜耀是性格最刚烈的一个，曾经也在公开场合几次顶撞他，但施振荣并不是记恨他，而是考虑到李焜耀现在还不够成熟，想再磨练他一段时间，可是现在他却离开了宏碁，这是施振荣从来没有想到的。

在李焜耀走后的一段时间后，施振荣曾经多次要求李焜耀回来，可是都被李焜耀婉言拒绝了。施振荣很矛盾，但是他更不想失去这样的人才。

一年时间转眼过去了，施振荣亲自飞到了瑞士去请李焜耀回公司。见到李焜耀的施振荣非常高兴，因为两个人一直保持着电话联系，施振荣没有太多的寒暄，就直接对李焜耀说："跟我回去吧，公司需要你。"李焜耀正想说什么，被施振荣打断了："当时说好了只学习一年，现在一年过去了，也该回公司了。"李焜耀看了看这位多年在一起打拼的好老板，不忍再拒绝，就问："那我回去干什么？"施振荣知道李焜耀已经答应和自己回去了，不过仍卖关子道："有两个选择，可以去宏碁电脑笔记本事业部；也可以去管明基，但明基很小哦。"李焜耀听说明基可以由他来管，差点高兴得叫出声来。因为他知道既然施振荣说要他管明基，一定会交给自己很大的权力，足以发挥自己的才能，这方面他也非常了解施振荣。其实，这也是施振荣的想法，他这次来就是专门请李焜耀回去当明基的总经理的，施振荣认为是该让李焜耀放开手脚，大干一场的时候了。

后来，在李焜耀回来接管明基之后，施振荣只管当自己的董事长，

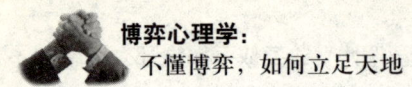

博弈心理学：
　　不懂博弈，如何立足天地

从不再过问明基的具体业务。即使在李焜耀冒险进军LCD业务（两年耗资20亿元的项目）的时候，施振荣确实也担心过，但是嘴上却没说什么，因为他更相信爱将的能力与眼光。李焜耀没有辜负施振荣的苦心和信任，一举拿下了LCD全球的第三名。

　　李焜耀曾这样评价施振荣："施先生授权到了'无私无我'的地步。"权力对每个人都有很大的诱惑力，施振荣却不贪权，相信员工，充分授权。正像他对"人性本善"以及"用人不疑"的诠释："如果你不相信别人，自己就会累死；而用人，会被骗，但总不会被骗光，大部分人总是靠得住的，即便10%的人出问题，但总账还是会赢。"

　　授权之后，就要放手让员工自己去行使权力，"用人不疑，疑人不用"，是每位管理者必须坚持的原则。如果管理者要将某一项任务交给员工去办，那么就要充分信任员工有能力办好，因为信任是授权的精髓和支柱，只有充分信任，才能有效授权。一些管理者表面上是把权授出去了，可是仍事事监控，或者关键的地方不肯放手，这都是不信任他人的表现，如此的授权又有什么实质的意义呢？

　　大部分管理者之所以不信任员工，除了担心员工的能力不够外，还担心员工在操作过程中出现失误，最后造成不必要的损失。但是进步是需要付出犯错的代价的。再说，"人非圣贤，孰能无过"，既然你决定授权给员工，就要给予员工充分的信任，允许他犯错误。

　　谁都希望被大家信任。要知道，让员工感到不自信的原因就是不被信任，一个人不自信就不可能会成功，进而他就会产生一种被遗弃的感觉，从而对企业产生愤怒、厌烦等不良的抵触情绪，甚至对自己分内的事情都不闻不问，这样不就为我们的管理带来了麻烦吗？相反，给予被授权的员工充分信任的话，它不仅满足了员工渴望成功的欲望，也让员工工作的积极性陡然倍增。这样，不仅会让我们管人理事时觉得很轻松，也会使得我们的企业蒸蒸日上。

员工是个将才，就给他一把锋利的宝剑

领导者在给下属授权之后，就要让他放开手脚大干一场，不能整天疑神疑鬼或者指手画脚。古人云："非成业难，得贤难；非得贤难，用之难；非用之难，任之难。"用人不疑，疑人不用。睿智的管理者懂得充分地信任员工，放手让员工发挥，给他们施展才华的空间。这才是作为领导者授权应有的风格。

把权力比喻成一把双刃剑再形象不过，一些管理者懂得暂时放手，一些管理者则对权力绝不放手。正确的方法是：让有能力者有权力！

一手缔造了宏碁集团的施振荣，2004年选择退休了。出乎所有人意料的是，他的两个儿子并没有成为他的接班人，而他的老部下王振堂却成了他的接班人。

在谈管理心得时，施振荣说出了重中之重，那就是相信员工、把权力授给有能力的人。他常说："企业要想做到代代相传，必定要建立在授权的基础上。再强势的领导人，总有照顾不到的角落，不可能一辈子都把精力放在事业上，也会有离开的一天，但是在一个授权的企业，各主管已经充分了解公司文化，能够随时随地自主诠释企业文化，这样的

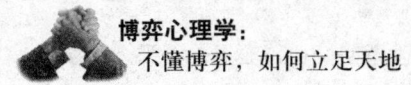
博弈心理学：
　　不懂博弈，如何立足天地

企业才有生命力。"

施振荣对待公司员工的原则就是充分给予信任和授权，即使他们的工作方式和自己不同，或是工作进度比较慢，他也绝不插手干涉，因为他知道每个人都有自己的工作方式，不能一味地强求他人按照自己的方式来开展工作。他说："要忍受过错，把它看做成长必须要付出的代价。只要他犯的是无心之过，只要最终他赚的钱多于学费，你就没有理由吝于为他缴学费。你一插手，他失去机会和舞台，怎么成长呢？"在这种企业氛围中，宏碁涌现出众多人才，形成了强大的接班人队伍。

让人难以抗拒的诱惑就是手握大权，更何况是注重君臣之道的中国企业家，更少有和人分享权力者，他们总是把大权牢牢控制着。施振荣却不贪权力，他任人唯能，并深知与人分享权力是开创企业并发掘增长潜力的最佳途径。

在实际管理中，当员工决定的事情已经开始有进展时，他的主管又突然出面干涉，结果，一切都要等管理者裁决后才能运作，这种管理方式是不可取的。虽然有的管理者口头上承诺放权，但实际上，决定权还是在管理者手上。

授权与信任密切相关。既然授权了就要信任他，一个管理者如果不相信员工，那么就很难授权给员工，即使授了权，也形同虚设。有的管理者一方面授权予员工，另一方面又不放心，一怕他不能胜任，二怕他过后犯错，害怕有才华的人不服管教，具体表现就是全权包办了员工的工作；越权指挥，使中层管理者的工作难以展开，陷入被动；对某方面的专业知识并非精通，却对员工的具体业务横加干涉，甚至听信谗言，公开质疑员工的能力，凡此种种，都会打击到员工工作的积极性，不利于员工进行创造性的工作。

作为管理者，要想充分发挥员工工作的积极性和创造性，一方面要懂得

第四章　管理博弈：驾驭下属没那么简单

放权，使员工在一定范围内能自主决断；另一方面也要站在员工的角度替员工考虑，员工在工作中出现的失误，管理者要勇于承担，不能有了功劳就全归管理者，出了过失就全怪员工；要言出即行，如果言行不一致的话，管理者就会失去员工的信任，自己的威信也会消失殆尽。

因此，管理者授权给员工，一定要注意，既然员工有能力，就要让员工大胆使用手中的权力，努力工作，同时，当员工工作出现困难时，还要在恰当的时候给予指点，让员工能够尽快地解决问题。只有这样，才能既把工作做好，才能和员工保持着良好的关系。

领导要懂关怀，别以为钱能收买一切

在社会上与人交往，我们只有尊重别人，才能换来别人对我们的尊重。交朋友的时候，只要我们够意思，别人才会对我们够意思。管理者在与下属相处的过程中也是一样，只有管理者付出真心，才能换来下属的忠心。

我们知道，大多数人都有一种"你敬我一尺，我敬你一丈"的心理，我们必须学会尊重他人。身为管理者，如果能在人性上借题发挥的话，将会收到令人满意的效果。管理者要想让自己的事业蒸蒸日上，蓬勃兴旺，就一定要在"攻心"上下功夫，下功夫要虚实结合，既要唱高调，又得哼小曲儿。就那些知识分子而言，光满足他们的薪水要求是不够的，还要体恤他们，珍惜他们的付出，这样才能激发出他们更多的工作激情。

在这个追求物质利益的社会，激励下属干好工作要靠金钱，但下属的忠

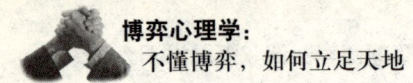
博弈心理学：
不懂博弈，如何立足天地

心是用金钱买不来的。要学会在感情上投入精力和时间，管理者唯有对下属"够意思"，才能让其竭尽全力地跟着企业走，为企业谋利益。

"人非草木，孰能无情。"作为管理者，想要让下属的积极性得到激发，就要选好时机对下属进行感情投资，用真心去换忠心。

杨虹是一家餐厅的一名普通员工。一天下班的时候，她不小心摔倒了，她挣扎着想自己站起来，可试了好几次都没成功。正好她的经理看到了这一幕，那位经理连忙过去扶起她，并且关切地问："摔得严重吗？要不我帮你叫辆车去医院检查一下？"

杨虹感激地回答："不用！没事的。""你看，都破皮了，还是擦点药，歇歇再走吧。"经理扶着她回到餐厅，然后又亲自给她上药，并且对她说："如果疼得厉害的话，明天就别来上班了，算公假。"杨虹非常感激经理，从此以后，见人就说经理好，她还说自己偶尔想偷懒的时候，一想到经理对她那么好，立马就打消了念头。

如果管理者都能像这位经理一样对下属付出最真挚的爱心，那么企业何愁不能壮大？要知道下属的忠心才能促进企业强大。

人们有的时候不光需要物质上的奖励，更需要精神上的认同。人们只有生活在良好的情感环境中，才会迸发出更大的积极性和热情，所以，在竞争日益激烈的现代社会，管理者不可或缺的资源和财富就是情感投资。人类是感情的动物，对下属适时进行情感投资，往往会收到令人意想不到的效果。

"投之以桃，报之以李"，这是中国自古以来的礼仪之道，所谓"滴水之恩，当涌泉相报"，也是这个道理。你关心下属，他们就会不负重望，努力做事。所以，凡是卓越的管理者，都懂得"自己对别人够意思，别人才会对自己够意思"的道理。只有对下属表达出足够的关心，才能让下属感到领导对自己的重视，因此心怀感激，继而会更加努力地投入到工作中。

别太吹毛求疵，哪个员工能没些缺点

有些领导认为自己身为领导手中握有权力，下属们就得看自己的脸色行事，可偏巧并不是所有的下属都懂得这一点。一旦遇到这种工作能力强、只是有些不识趣的莽撞下属，作为领导会不会因为对方的"不识趣"而排挤他呢？

其实，每个人都有自己的个性，作为领导应该尊重下属，许多下属都拥有优厚的潜质，只是在性格上有些缺点，如果身为领导能妥当处理，让他化缺点为优点，就能将他的潜力充分激发出来。做领导的可以在许多方面抓大放小，但在了解下属的性格及缺点并宽以待之这一方面，绝不能马虎。

现实中不少做领导的人常常对下属的缺点或不足"明察秋毫"，并把它们作为把柄抓住不放，常常抱怨某某性情急躁，太不稳重；某人不可深交，因为他为人圆滑；某人瞧不起人，因为他骄傲自大；某人没啥发展，因为他不思进取等等，言语中尽显贬低和挖苦之意，甚至别人都被他说得一无是处。这样的行为只会使领导失去下属的爱戴和拥护。

在这方面，齐桓公不计前嫌任用管仲是一个典型的正面例子。

家境贫寒、出身低贱的管仲在年轻时曾三次求官被逐，后经自己努力成为齐襄公之弟公子纠的辅臣，在公子纠与其弟公子小白争夺王位

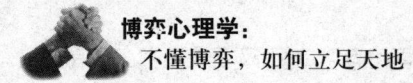

博弈心理学：
不懂博弈，如何立足天地

时，管仲率军到莒国边界阻拦公子小白归国登基。管仲赶到边境正好遇上公子小白一行人等。管仲此时对准公子小白搭箭便射，但是箭只射中小白衣服上的带钩，没有伤着身体。小白假装中箭，大叫一声，倒在车上，但仍日夜兼程赶回国内并成为了国君，也就是后来的齐桓公。对于管仲，齐桓公本来是恨之入骨的，为报一箭之仇，齐桓公非要杀了管仲不可。但后来当齐桓公了解到管仲是旷世之才后，便叫鲁国把他捆在车中送回齐国。归国后，齐桓公放下了对管仲的私仇，并对管仲委以重任，拜他为相，地位和鲍叔牙不分上下。果然，依靠着管仲的辅佐，齐桓公成为了一代春秋霸主。

齐桓公若想报仇处死管仲易如反掌，但他没从个人恩怨出发，将管仲置于死地，而是以国家利益为重，成就了一位名垂史册的大政治家。一个封建统治者敢于重用与自己有"过节"的人，而且用人不疑，对管仲言听计从，这确实难能可贵。在现代社会中，一个合格的领导者在对待下属的问题上，也应做到"大人不计小人过"，而且应做得更好。

不计前嫌的作用还可以感化心灵，这样做能使下属和领导者之间建立起相互信任、极度亲密的私人关系。无论在哪个时代，不计前嫌都有其存在的价值。

唐朝的李靖，曾任隋炀帝时的郡丞，最早发现李渊有图谋天下之意，亲自向隋炀帝检举揭发。李渊在建立唐朝后要杀李靖，李世民为保李靖一命，极力反对他父亲这样做。后来李靖纵横沙场，为报李氏的不杀之恩，为唐朝立下了赫赫战功。

王安石当宰相之际，因与苏东坡政见不同，便借故将苏东坡降职减薪，贬到黄州。然而苏东坡心胸宽广，并没有因为这件事情而和王安石

第四章　管理博弈：驾驭下属没那么简单

交恶。王安石变法失败后，两人的关系反倒好了起来。隐居金陵的王安石不断收到苏东坡的书信，苏东坡在信中共叙友情，互相勉励，或讨论学问，十分投机。在由黄州调往汝州的路上，苏东坡还特意到南京探望王安石，他受到了王安石热情的款待。二人结伴同游，促膝谈心。临别时，王安石嘱咐苏东坡：将来告退时，要来金陵买一处田宅，好与他永做睦邻。二人一扫前嫌，成了知心朋友。

《水浒传》中的宋江在梁山泊中，论谋论武都不出众，但他为什么能赢得众将的一致拥戴，并为他拼死效力？宋江不念旧恶是最重要的一个原因，招降过来的将领们都因此对他心悦诚服。细数梁山的将领，很多人起初都和宋江作过对，或者是对宋江有"恶"过，但宋江乐于忘记别人的"恶"，这就使得对方心存歉疚，诚惶诚恐。宋江不念旧恶，以礼义相待，甚至表示出格外的亲近，也就使得过去那些和自己作对的人，自愿投到其麾下，征战立功。

因此，作为领导要宽容一些，大人不计小人过，不要抓住员工的某些缺点不放。也只有做到这一点，下属们才会更加忠心，在管理他们的时候，才会更加得心应手。

第五章　商场博弈：
永远别让自己孤军奋战

第五章　商场博弈：永远别让自己孤军奋战

多交朋友，就是在减少敌人

俗话说，朋友多了路好走。要想在社会上立足，就得多交朋友，朋友多了，生活才更充实。相反，树敌只会给自己增设障碍。所以，多交朋友，就是在减少敌人。

尤其是在工作中不要树敌。在公司里，因为个性、习惯的不同，同事之间难免会产生一些摩擦。虽然矛盾不可避免，但是我们可以改变自己的心态。

刘欣和欧阳雯是一起进入一家广告公司的。虽然她们都看不惯职场中某些人的做法，但两个人的处事方式却大相径庭。刘欣脾气很好，为人也较为圆滑，哪怕是自己吃一点小亏，也不会和那些老职员斤斤计较。而欧阳雯却不一样，她是个直肠子，不喜欢谁就会表现得很明显，对他爱答不理。在学校时也许还会有人欣赏欧阳雯这种率直的人，但在职场上，这样的脾气却让她四面树敌。每当欧阳雯在工作中碰到一些难题需要寻求老员工的帮助时，总是被别人委婉地拒绝，所以她的工作开展起来相当艰难。而时时都笑脸相迎的刘欣却获得了大多数人的好感，在职场中如鱼得水。

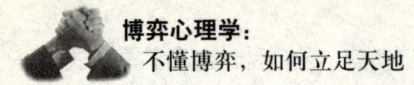
博弈心理学：
不懂博弈，如何立足天地

在社会上打拼，本来就存在很多无法预知的风险。如果再人为地"树敌"，那自己的处境只会更加艰难。我们可以不喜欢某人为人处世的风格，可以不喜欢某人斤斤计较的小肚鸡肠，可以不喜欢某人骄傲自大的脾气，可以不喜欢某人谄媚的嘴脸。但不喜欢归不喜欢，不一定非得在脸上和态度上表现出来。多一个敌人对自己有什么好处呢？最后吃亏的还不是自己。

如果是在工作中产生的矛盾，就应当采用工作的方式予以解决，而不是动辄上升到人身攻击，把原本限于工作层面的矛盾升格为私人斗争。摩擦或裂痕的产生，是由于缺乏必要的感情基础，要使矛盾得以缓解，就应该注意培养感情。请求对方的帮助是我们化解矛盾的良方。所以请记住这样一个规则：即便是做不了朋友，也绝对不要成为敌人。

1736年，富兰克林参加州议会书记员位置的竞选。虽然富兰克林心中知道自己会获得提名，但有一个很大的问题就是有个极有影响力的人反对他。这个人之前和富兰克林有些摩擦，所以一直与他不和。富兰克林懂得如果不争取到这个人，自己就会输掉。

后来富兰克林在自传中写道："我听说他书房中有一本珍贵的书，于是给他写信，表示我想读这本书，希望他能帮个忙，把书借给我。那人对这一要求感到很高兴，于是把那本书借给我。"后来，这个之前的敌人成了富兰克林坚定的支持者。

富兰克林的聪明在于用友好的方式化解了矛盾，在他们之间建立了一种感情基础：就是能在适当的时候给予对方帮助。可见，在生活中，即便和别人有矛盾，也绝没有必要演变成冲突，应该寻找一些方式来有效化解，尽量避免树敌，以防为自己带来"打击报复"等情况的发生。

多交朋友就是减少敌人。结交朋友的方式有很多。重要的一点是，在参

第五章　商场博弈：永远别让自己孤军奋战

加聚会等集体活动时，无论你是否真的喜欢，都要将热情表现出来，绝对不能表现出勉勉强强的态度。既然是参加集体活动，应该对什么事情都积极地参与，不要感到这种联谊会、聚会对自己来说是一种无聊的活动。

在处事待人的时候，要时刻谨记"多个朋友多条道，多个敌人多堵墙"的道理。树敌过多，不仅会让自己迈不开脚步，甚至会徒增烦恼——即使是正常的工作，也会遇到种种不应有的麻烦。而避免树敌最简单的方法，就是多交朋友。

扩展人脉，先要学会以诚待人

一个人不要吝啬对别人的帮助，不去帮助别人的话，是难以积攒下自己的人情的。如果我们的人情银行里没有储蓄，不仅"提不出来"，并且很难"贷款"，不如提早做好打算，该做人情的时候就得做。这就是说，帮助别人的时候就是在帮助自己。

想要在商场生存，就要先学会以真诚之心对待别人，如果能拿出自己最大的诚意来，那么我们将能够得到别人最大的回报。看到对方有困难的时候，如果真是朋友，那么一定要尽力帮忙，这是我们都知道的道理，所以说我们不帮忙的话，也就暴露了别人在我们心目中的地位。

如果一个人在需要别人雪中送炭的时候得到了我们的帮助，那么他会牢记一生。这是因为有我们的帮助他才能够渡过难关，即便我们只是尽了绵薄之力，他也会非常感谢的，这才是真正的情谊。无事的时候，大家都能高高

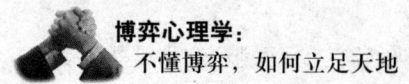

博弈心理学：
不懂博弈，如何立足天地

兴兴地在一起，但当我们什么都没有的时候还能继续陪在身边的人，那就是我们最真实的朋友，是值得我们一生相交的人。

我们因为帮助别人而获得幸运，如果没有帮助别人，等到自己需要帮助的时候才想起别人的帮助就悔之晚矣。

美国有一位富商卢卡斯，当年，他的女儿得了一种怪病，病情非常严重。他寻遍了美国的名医也没有治好女儿的病，即使他很有钱，但钱买不回女儿的健康。因此，他天天在家中照顾女儿，并且仍然抱着一丝希望有名医可以治好女儿的病。有一天，他在报纸上看到一位来自瑞士的名医要来美国讲学，他曾经治愈过类似他女儿的这种病症。于是卢卡斯开始四处托人打听这个名医什么时候来美国，在美国哪个地方落脚，想用重金请这位医生来给自己的女儿看病。但他托了很多人去打听也没有得到回音，据说那个医生来美国的行程早已安排得很满，根本抽不出一点时间，卢卡斯有些失望了。

没过几天，天降大雨，卢卡斯在家里正为自己女儿的病烦心。突然响起了敲门声，卢卡斯开门看到的是一个被雨淋得狼狈不堪的人，样子矮矮胖胖的，看起来一名不文，卢卡斯问他有什么事，那个人说自己迷路了，希望可以借他家的电话用一下，找人来接他。卢卡斯本来就不高兴，看到这么一个无关紧要的人来借电话，当即就说："我的女儿正在养病，她不希望有人来打搅。"然后就无情地关上了门。

第二天早饭的时候，卢卡斯看见报纸上有一个专栏是关于那位名医讲学内容的，并且说那位名医已经回国，上面还附有那位名医的照片，卢卡斯吃惊地发现，原来那位名医就是昨天来他家借电话的人。如果自己昨天帮助了那个人，那么女儿的病情可能就有转机了，自己联系了那么久都没联系上的名医，昨天他都上门来了，但竟被自己拒之门外。卢

第五章　商场博弈：永远别让自己孤军奋战

卡斯追悔莫及。

卢卡斯的经历告诉我们，没有帮助别人的话，受伤害的不只是对方，还可能是自己。虽然这种巧合不常见，但是我们不伸出援助之手的后果就是得不到别人的帮助。在茫茫人海中，有些人需要我们的帮助，如果这些人主动找到了我们，并且他们的请求在我们的能力范围之内，那么我们不妨伸出双手助对方一臂之力。帮助别人也是一种快乐，也许我们未必能够得到别人的回报，也许当我们得到回报的时候要在很久以后，至少我们当时帮助了别人，得到了别人的那份感激。

丹森在美国有一家律师事务所，他当律师赚下了一些钱，于是他把这些钱都投进了股市，可是入市有风险，就在一夜之间，他的股票跌得分文不剩。后来他的律师事务所也因为他是移民而开不下去了，最终他关闭了事务所，成了一个无业游民。他什么都没有了，只好开始到处找工作。那段时间，美国经济低迷，律师事务所也很少招纳新人，他找了几个月也没找到工作。

突然有一天，他收到了一封来信，上面说某个公司希望他去做经理，并且公司老总要分给他30%的股份。这封信怎么看都像是一个恶作剧，但是尽管怀疑，丹森还是按照信上所说的地址去拜访了那位公司的老总。

丹森到了那个公司，看起来那个公司发展得不错，办公室装修得也很豪华。公司的老板亲自接待了他，那个老板问丹森还记不记得他，丹森仔细想了想但还是没想起来，只好摇了摇头。那个老板便从抽屉里拿出了一张褶皱的纸和一张名片给丹森看，丹森发现这张名片是自己很久以前用过的，但他实在是想不起在哪里给过这个人这张名片了。而那张

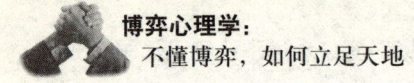

博弈心理学：
不懂博弈，如何立足天地

纸是一张5美元的汇票。

那位老板开口说话了："看来您真是忘了，但我永远也不会忘。在13年前，我刚到美国，找份工作很不容易，终于我应聘到了一家公司。那家公司限我一天之内办理好工卡，不然就不要我。我排了一天的队去办工卡，当排到我的时候，我才知道办理一张工卡要10美元，而我只带了5美元，可是如果不办，我这份工作就丢了，这时是您从后面递给我5美元，替我解了围。有了这张工卡，我才能留在美国，才有了今天这家公司。当时我向您要您的联系方式，以便将钱还给您，您当时就给了我这张名片。现在我知道您遇到了困难，我的这些成就其实都源自于您的帮助，如果在您有困难的时候我不出现，那我就太忘恩负义了。"

丹森听完已是热泪盈眶，并且后来他也留在了那家公司。

做好事能够让我们受益无穷，上面这个故事就是最好的例证。虽然我们很难预料到别人以后的发展，但是帮助别人就是等于给自己拓宽人生道路，为自己积攒人脉，这有助于自己以后前途的发展。

所以说，好人必有好报，满怀感恩之心的人在这个世界上还是占多数，别人得到了我们的帮助，我们的这份恩情就会被他们深深记住，而当我们陷入困境的时候就会得到他们的帮助。要把握人生的每一次机会，这是我们常常挂在嘴边的一句话，其实帮助别人就等于给自己一次机会，别人因此深感我们的恩情，我们也就获得了别人帮助的机会，在我们有能力帮助别人的时候，何乐而不为呢？

第五章　商场博弈：永远别让自己孤军奋战

让每一个人，都把我们当自己人

在商场交际中，人们往往存在着这样一种心理，即对于与自己有相同之处的人，人们更乐于接近。寻找并利用与对方的共同之处是拉近彼此距离的捷径，也是最有效的方式。因为这些共同之处使我们与对方有了共同话题、共同语言，因此彼此就会更信赖，更愿意亲近。

共同之处可以帮我们更容易了解对方，比别人更亲近对方。因为共同之处，对方很可能会和我们成为无话不谈的朋友。这样我们就会和对方有更深的交流和沟通，我们之间的距离就会慢慢地因共同之处而拉近。

某汽车销售人员小秦在一次大型汽车展示会上结识了一位潜在客户。通过对潜在客户言行举止的观察，小秦分析这位客户对越野型汽车十分感兴趣，而且追求个性。虽然小秦将本公司的产品手册交到了客户手中，可是这位潜在客户一直没给小秦任何回复，小秦曾试着打电话联系，可客户总说自己平时工作很忙，周末则要和朋友一起到郊外的滑雪场滑雪。

后来又经过多方打听，小秦得知这位客户酷爱滑雪。于是，小秦上网查找了大量有关滑雪的资料，一个星期之后，小秦不仅对周边地区所有著名的滑雪场了解得十分深入，而且还掌握了一些滑雪的基本功。

再一次打电话时，小秦对销售汽车的事情只字不提，只是告诉客

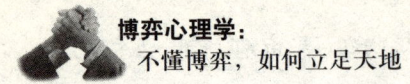
博弈心理学：
不懂博弈，如何立足天地

户，自己无意中发现了一家设施特别齐全、环境十分优美的滑雪场。下一个周末，小秦很顺利地在那家滑雪场见到了客户。小秦对滑雪知识的了解让那位客户迅速对其刮目相看，他大叹自己"找到了知音"。

在返回市里的路上，客户主动表示自己喜欢驾驶装饰豪华的越野型汽车，小秦告诉客户："我们公司正好刚刚上市一款新型豪华型越野汽车，这是目前市场上性能最好、最有个性的越野汽车……"一场有着良好开端的销售沟通就这样开始了。

销售人员在工作中会遇到形形色色的人。人们因为各自的经历、年龄、性格、职业、受教育程度的不同，而呈现出不同的性格、爱好，这些都会影响其购买行为。

如何在短时间内与不同的客户拉近距离，是考验我们的一个难题。

沟通，首先是要营造一个轻松、愉快的谈话氛围，这样有利于客户打开"话匣子"，也更有利于达成交易目标。

无论和什么样的客户打交道，共同的话题总能有效引起对方的兴趣。而只有用心观察，才能找到合适的话题。

当然，有些话题是显而易见的，比如对年老的客户，我们就不应该谈论太多的时尚资讯，如电子产品、流行服饰等。每个人都有属于自己的特殊喜好，有人爱好足球，也有人喜爱旅游……找到一个恰当的突破口，成功的沟通就开始了。

在与人交往的时候，也许我们礼也到了，情也到了，但就是达不到你想要的目的。而且，比我们礼重情谊深的竞争对手还有很多。

事实上，当我们使用了"寻找共同之处"的交往技巧之后，我们会很容易与对方拉近距离，得到对方的信赖，这种技巧会使我们在交往中得到意想不到的收效。

第五章　商场博弈：永远别让自己孤军奋战

当对方一旦看到我们与他的共同之处，他就会很愿意跟你交流与相处，给我们与他交往的机会，我们可能会在很短的时间内就能成为他的朋友。

因为共同之处，我们在交流中会产生感情上的共鸣，这种共鸣是很深入人心的。那么我们之间这种朋友的关系就会更近一步，甚至会把我们视为知己。知己之间，如果有事相求，他必然会放在心上，尽心尽力地帮助我们。

或许，我们不曾与对方有共同之处，所谓的共同之处是我们制造出来的，这样看起来有着欺骗的性质在里面，其实不然。

当对方把我们看成"自己人"的时候，为了这份情感，我们应该培养自己与他的真正的共同之处。这样才不会枉费别人对我们的信任和亲近。

让对方意识到我们与其的共同点是自然的、是巧合的，最好不要牵强。我们之间就共同点之间的探讨是有价值的，有深度的。让对方看到我们深厚的内涵与底蕴。在我们的共同之处上，让我们独特的魅力和风格深深地吸引他。

找到我们与对方的共同之处是交往中首先要做到的，我们可以通过向对方周围的人打听对方的兴趣爱好，提前研究对方的喜好。

如果自己与对方有共同之处更好，如果没有就需要培养。等待机会，然后通过共同之处取得客户的信任与好感。

宁欣是一位售楼小姐，偶然的机会她结识了一位潜在的客户，这位客户对小型别墅很感兴趣。宁欣意识到这位客户很有钱，而且品位极高。虽然宁欣极力地向客户推荐，又留了名片给他，可是这位客户一直没有回复。

经过多方打听，宁欣得知这个客户酷爱网球。宁欣就了解了一些网球的知识，并报了网球速成班。当宁欣学得差不多的时候，给那位客户打电话告诉他"无意间发现一家环境特别好的网球场"，还透露自己的

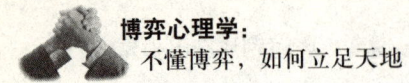
博弈心理学：
不懂博弈，如何立足天地

网球打得不错。

当时，并没有什么效果。后来的一个周末，客户打来电话约宁欣去打网球。因为他的球友出国了，就想起了宁欣。最终在一段时间的打网球交往中，客户主动跟宁欣签下了购房合同。

此外，我们也可以多留心对方生活和工作中的一些习惯、注意聆听对方的语言，或者分析对方的性格特点，从中寻找我们与他的共同之处。

我们也可以通过观察对方的打扮、表情、行为举止，以判断他的生活状态、精神层面、兴趣喜好。也可以跟他探讨一些问题，比如探讨他的品位，探讨他的人生。从精细的观察、探讨中，就会寻找到大家的共同之处。

除了探讨品位或人生之类的话题，也可以聊一些日常生活的知识，在这方面可能更容易找到共同之处。我们还可以和对方一起参加活动，户外远足，这样通过聊天、相互的接触也能找到共同点。

共同之处，可以使我们与对方拉近距离，虽不能保证我们的目的会真正地达成，但一定会增加许多成功的机会。

把对方归为一类，拉近彼此的距离

"套近乎效应"在谈资中运用得非常广泛，也很有效。通过套近乎，把对方跟自己归为同一类，在无形中就拉近了彼此的距离。让对方对自己产生亲切感和信任感，这么一来，凡事都好说话。

第五章　商场博弈：永远别让自己孤军奋战

在跟人打交道时，如果我们能通过各种手段让对方把我们当作"自己人"，必然会降低对方的防备心理，从对方身上获得好处。

苗苗是一家服装店的销售人员，人好嘴甜，是一个业绩非常优秀的员工。很多人都认为她长得漂亮就是优势，所以卖衣服很顺利。

每次听到这些，林苗苗只是淡淡一笑，不作回应。

后来，朋友也问苗苗，她才道出了其中的奥秘。

"很多人在买衣服时，都会把销售人员当成讨价还价的'敌人'，跟你狠狠讨价。如果你能跟他们成为统一战线的人，那么机会就来了。"

苗苗说，之前她接待过一个跟她年龄相仿的女客户，说话非常刻薄，很多人都不愿意接待她。

"你们店里的衣服怎么这么贵啊？孩子的衣服而已。"女人很不友好。

"现在孩子的衣服就是比较贵，我女儿跟你家孩子差不多，上个月我也给她买了这件。"苗苗这么一说，女人没再反驳。

"我女儿说这个牌子的衣服比较舒服，每次上体育课总穿这件。为了她好，我总给她买这个牌子的衣服。"

女人一听苗苗感同身受的话，立刻就降低了心理防备，开始跟苗苗说心里话："谁说不是啊，现在的孩子对衣服很挑剔，一定要买舒服的。"

"对，我也这么认为，我给女儿买了之后她可高兴了，看到她高兴我也开心。"

就这样苗苗跟女人成为了"自己人"，苗苗又介绍了一些衣服的好处之后，女人二话没说就买了。

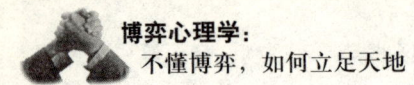
博弈心理学：
不懂博弈，如何立足天地

我们把顾客当成自己人，他们就会信任你，做起销售工作就无往不胜了。林苗苗把"自己人效应"运用得得心应手，工作自然也就越做越顺利。

事实上"套套近乎"是"自己人效应"的重要体现，它指的是把自己跟对方归结为一类人，变成"同体观"的人。

在跟别人交往时，往往关系越亲密，自己的观念、立场就越容易被对方接受。如果让对方感觉我们是自己人，就算是请对方帮忙，对方也会乐意。

这种说法不难理解，就好比我们都愿意跟喜欢的人交往，就算他有缺点也能适当包容；而反过来如果对方是我们心里非常排斥、感觉陌生的人，我们在无意识中就树起了防备意识，根本不愿意有过多往来，更别提相互帮助了。

"自己人效应"独有的特征，是在某种特定环境中产生的。它具有可亲近性、平等性、相似性或互补性等特征。在空间环境中接触的次数多，彼此熟悉，就容易互生好感；性格相似、爱好相同也可以拉近彼此的距离；双方的需求、期望有关联，也是"自己人"的特征。

这种效应在生活中的运用也非常广泛，在交际中，很多人不知不觉都会用到，这迅速拉近了彼此的关系，得到了他人的信任，获得了自己想要的利益。特别是有求于人时，套近乎可以说是必要的方法，找到共同体，才能打破别人的心理防线，才能有事好商量。

套近乎的作用很强大，如果懂得合理运用，"敌人"也能变成"朋友"。如果我们能发挥自己的实力，巧妙地运用"自己人效应"，肯定会打动人心，成为别人心目中的"自己人"。

看到这里，相信很多人都特别想知道，具体要如何做才能套好近乎？如何才能成为别人眼里的"自己人"？

在日常生活中，我们不难发现，大家很容易把那些跟自己有共同点的人

第五章　商场博弈：永远别让自己孤军奋战

当作自己人。所以，在跟人交际时，首先要善于寻找彼此的共同点，让彼此有共同话题，这样才会为进一步的发展奠定良好的基础。

只要勇于交流，肯定会找到对方跟自己的相似之处，人生观、价值观、个人喜好、处世态度等总有相似之处。在交流中要多强调共同之处，要多用"我们"，如此，对方才更容易被打动。

当然相似之处通常不是一次见面就能够发现的，可以多创造见面机会，这样才能更好地发现。

除了多寻找共同点，最主要的是要懂得肯定对方、理解对方，从而建立起情感上的共鸣。

　　陈芳是个刚毕业的学生，一毕业就在某家设计公司当了业务代表，她第一次去会见客户时非常紧张，自己一点经验也没有，怎么能完成任务呢？

　　在交谈过程中，她非常紧张，显然客户对她很不满意，一直在看手表，随时都有离开的意思。

　　后来，客户随口说了一句女儿的早恋问题，表示很头疼。陈芳忽然灵机一动，知道了要跟对方说什么。

　　"您的问题我也深感理解，我妹妹现在上高中，也开始早恋了。我妈妈知道了非常头疼，都动手打她了还是没用，两个人的关系可紧张了。"陈芳说得跟真的一样，其实她没有妹妹，只是想对客户的情绪表示理解和肯定，是跟对方在套近乎。

　　事实证明，陈芳的做法是对的，客户没想到陈芳这么理解她，就开始大吐苦水，说了很多女儿的问题，两个人越说越投机，最后陈芳赢得了客户的信赖，成功完成了任务。

　　客户离开时，还跟陈芳保证，大家都是"自己人"，如果再有业

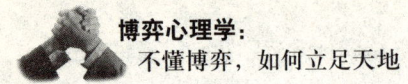
博弈心理学：
　　不懂博弈，如何立足天地

务，一定会优先找她。

陈芳通过诉说自己相同的"经历"，表达了对客户心情的理解和认同，一下子拉近了彼此的心理距离，慢慢地，对方就把她当作了"自己人"。

当然，要想让套近乎的话变得有感染力也不是件简单的事，我们要从心里对别人的话感兴趣，只有感兴趣，别人才会感到真诚，对我们的好感才会油然而生。总之，在人际交往中，想要别人信赖我们，把我们当作自己人，就必须表现出真诚，否则就很难取得真正的效果。

学会与人套近乎会让别人对我们的态度更友好，会对我们的话更加信赖。同样的一个道理，也许被别人讲出来对方会生气，但被"自己人"说出来更让人感觉容易接受。这就是典型的"自己人效应"。

所以，在人际交往中，不仅要有聪明智慧，还要善于套近乎，发挥"自己人效应"，成为有影响力和受欢迎的人，从而更好地获得利益。

没有"关系"，商场之中举步维艰

一般来讲，我们所说的"关系"指的就是人际关系，而人际关系属于社会学的范畴。这也就是我们通常所讲的"人际交往"，例如像亲属关系、同学关系、师徒关系等。

从前有个姓王的穷秀才，穷困潦倒的时候根本没什么人愿意和他来

第五章　商场博弈：永远别让自己孤军奋战

往。后来，他中了状元，不少人就摸到状元府，找他攀家门。

这天，来了四个人，自称是王状元的族人，同宗共祖。

第一个人姓汪。守门官抽出宝剑一拦："状元姓王你姓汪，攀什么家门？"姓汪的说："大人！我是水边'王'，现在准备搬家，不住在水边上，当然是一家。"守门官一听，这是哪跟哪啊，就把姓汪的赶走了。

第二个人姓匡。守门官又问："状元姓王，你姓匡，攀什么家门？"姓匡的说："我和状元同住一个院子，因为涨了大水，堤埂子溃口，我就成了破埂子'王'。状元是逃水荒跑出了破埂子的，我们从此分手，现在族人重逢，请您高抬贵手。"守门官一听，这是哪跟哪啊，把姓匡的也赶走了。

第三个人姓黄。守门官说："一个姓黄，一个姓王，这不是狗扯羊腿，乱拉吗？"姓黄的说："黄王两姓，分字不分音，诗词歌赋同一韵，五百年前一家人。"守门官一听，这又是哪跟哪啊，把姓黄的也赶走了。

第四个人姓田。守门官大发脾气："你呀你，姓田的怎么也扯不到姓王的头上呀！"姓田的说："怎么扯不到？我比他们好扯得多，只要把两块脸不要，你说我是不是姓王呢？"结果当然是一样的，姓田的也被守门官赶走了。

从表面上看，这是一则很有意思的笑话。然而，一笑之后，却有很多值得我们深思的东西蕴涵在里面。汪、匡、黄、田四个人与秀才本来都是八竿子打不着的陌生人。然而他们在私利的驱使之下恬不知耻，想方设法与状元拉上点关系。当然，从人性一点的角度和人际交往的角度来讲，他们的出发点是好的，然而他们败就败在太笨、太傻、太蠢。如果他们能揣摩揣摩状元

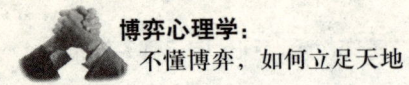

博弈心理学：
　　不懂博弈，如何立足天地

的心理，换种思路，踏踏实实地找一些自己与状元的令人可信的共同点，以此为突破口，与状元拉关系的话，即使是八竿子打不着的人，说不定也会成功，至少他们的做法不会令人不齿。

其实，在人际交往的过程中，很多事情，与其说是知识和能力的博弈，不如说是心理的博弈。这也就是说，我们在建立人际关系的过程中要懂一点心理学知识，懂一点心理策略，不能单纯地去"说"或者"做"，要用"心"去说去做，要学会见缝插针，这样才会有的放矢，百发百中。

没事混个脸熟，见面长不如常见面

在聊天中，人们往往对熟悉的东西有偏向喜好的思维定式，对与自己特别熟悉的人容易产生好感。

我们可能会认为拉长与对方的谈话时间，达到深度交流，会加深熟悉度。而实际上，要想与对方更加熟悉，增加与对方见面的频率，要比拉长谈话时间更有效。

大家都有这样的感受，经常出现在你眼前的人要比出现次数少的人留给我们的印象深刻。这就验证了一句俗话：见面时间长不如常见面，也就是心理学上的多看效应。经常与对方见见面，让对方多看到我们，他就会更熟悉我们，更喜欢我们。

杨庆华新到一家公司做业务员，但在业务方面不太纯熟。公司的一

第五章　商场博弈：永远别让自己孤军奋战

位前辈告诉他："你制订一个计划，每天坚持走访五位顾客，这样一个月就能拜访到一百多位顾客。你坚持两个月，你就什么都明白了。"

杨庆华问："为什么要这样做呢？两个月之后我又能明白什么呢？"

前辈很严厉地回答他："不要问我为什么，两个月后你就会在你的销售实践中体会到。如果你想成为好的销售人员，就按着我说的去做吧。"

杨庆华听了前辈的话后，尽管有些不理解，但还是用心地跑业务，两个月之后，聪明的杨庆华终于有所体会，也总结出了经验。

谁都知道搞定老板是拿下订单最重要的。但是，他发现老板一般都很忙，没有时间和人闲聊。一般的推销员，只要一遇到某老板有时间，便紧抓不放，进行长谈。这样既耽误对方的时间，又容易引起对方的反感。结果适得其反，导致销售失败。

杨庆华使用的策略是见面次数多胜过见面时间长。他每天都去拜访潜在的顾客，有时会帮着做会儿杂务，有时会闲聊几句，如果顾客很忙，他就会知趣地离开。

一年以后，杨庆华拜访的顾客多了，拜访的时间长了，也掌握了谈生意的技巧。同样，顾客见杨庆华次数多了，对他就熟悉了，对他也就信任了。于是，杨庆华的订单自然就有了。现在，他的业务能力远远超过了自己的同事。

杨庆华听从了前辈的话，多跑业务，频繁出现在顾客面前，不仅帮助他认识了顾客，帮助他学习了销售，同时也扩大了他在顾客面前的影响。再加上杨庆华很聪明，能够时不时帮助顾客做事，也不给顾客添麻烦，所以顾客最终选择了他。

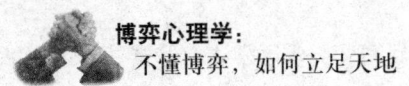
博弈心理学：
不懂博弈，如何立足天地

在销售中，如果销售人员性格开朗、乐于助人、有好的人缘，也容易给顾客留下好的印象。

要想与对方建立良好的关系，平时要多出现在他的生活里面。节假日的时候，天气有变化的时候，可以发发短信问候一下。也可以在对方休息的时间里，请对方出来坐坐，喝喝茶，喝喝咖啡，吃吃饭什么的，建立感情。

在人际交往中，我们可能具备了很多的优势。比如长得漂亮、很有气质、很聪明。可能见一面，就会很吸引对方，也许我们觉得这就足够了。后来，我们会发现，经常出现在对方面前的那个人才是真正的赢家。

亲戚朋友之间多来往能加深感情，否则会慢慢疏远。我们通常说：远亲不如近邻，我们与在远方不经常见面的亲戚的感情，可能还远远不如与经常见面的没有血缘关系的邻居之间的感情深厚呢。

要想维系与对方的关系或者是深厚的感情，就得经常约对方见面。每次的相见，每一次的交流都会使关系更近一步，感情更深一步。俗话说："脸熟胜过送礼"，常见面已经不需要客气了。

要想在人际交往中取得优势就得与对方经常保持联系，经常找时间去看望对方。不需要跟对方聊太长的时间，却需要经常地约对方见面。

要想让与我们交往的人熟悉我们，就得有事没事地常与对方走动。常联系、常见面、常沟通、常交流都是让对方与我们熟络起来的好方式。只有常见面才能使相互之间有更深的了解，感情才能升温。常见面胜过一次长时间的见面和交流。

经常的联络比长时间地联络一次的感情要深厚。经常跑的人际关系，比只跑一次却投入很多的人际关系要牢固。在关键时刻，人们只会帮那些经常出现在自己身边的人，而不会去帮那些不常出现但会一次就出现很长时间的人。

第五章　商场博弈：永远别让自己孤军奋战

容小青和平小玉同是学生会的干部，容小青是一个性格很活泼开朗的人，平时爱说爱笑的，很会交际，有很好的人缘。而平小玉是个比较内向的人，平时做事比较保守，比较自我，还有些自私，不太善于与人交际。

容小青没事喜欢串宿舍，和学校里大多数同学都混得很熟。这样的交际方式，既有利于学生会工作的顺利进行，又建立了稳固的人际关系。

平小玉除了学习和学生会的工作，很少花时间维护与同学的关系，比较孤立。有的同学连平小玉是谁都不知道。

快毕业的时候，学校里为了鼓励优秀的学生，给了学生会一个留校的名额，需要同学们投票表决。平小玉这时才想起搞人际关系，容小青却表现得很淡定。

最终的结果可想而知，容小青得到了这个留校的机会。这都是她平时常与同学们联系，常见面，保持熟络的结果。

在平时没有事情的时候就与对方常来往，不要等到有求于对方的时候才去拜访对方。平日里常见面，感情已经积累到了一定的程度，对方肯定帮助你。

在一些特殊的日子，主动去家里拜访，并送上特别的礼物。有时礼物是否合心意，也决定着我们留给对方的印象。所以送礼物之前，要先了解对方的喜好，使自己所送上的礼物能投其所好。

在一些节假日可以邀约对方一起去旅行，旅行的地点最好选择对方最向往的地方。这样才能保证旅行的质量。好的旅行质量会加深我们与对方的感情。

在一些重要的场合遇到对方，要主动帮对方端茶递水，主动和对方交

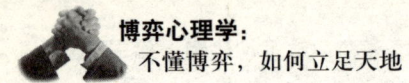

流。在合适的时间展现自己的才能,更要抓住表现机会,使自己留给对方的印象是良好的。

在对方遇到困难的时候,要热情地帮助对方。相反,当我们遇到难处的时候,对方就会想到我们曾经的帮助,从而也会帮助我们。

常见面是密切感情的最佳途径。见面次数多,可提高彼此的熟悉度,互相产生更强的吸引力。相反,见面次数少,哪怕时间长,彼此之间的生疏感也不易被消除,或许还会因相处的时间太长而产生摩擦。

吃些小小的亏,赢得一生的回报

吃亏是一种比较高妙和有远谋的处事方式。主动吃些小亏,可以帮我们交到好朋友,帮我们得到更大的利益。想请朋友帮我们办事,自己首先要吃点儿亏,这样朋友会觉得欠我们一个人情,才会更为主动地、尽心尽力地为我们办事。

吃亏是福。主动吃亏不仅是福,还是一种态度、一种品行、一种风范,更是一种淡然、一种乐观、一种超凡。而被动地吃亏是一种被迫接受的后果,一种不得已而为之。同样是吃亏,却有着很大的区别。主动地吃亏,可以帮我们换取对方以后的大付出。

在一家小型图书发行公司从事图书设计工作的小李,他的设计功底很不错,但更可贵的是他的工作态度。那时公司正在进行一套大书的

第五章　商场博弈：永远别让自己孤军奋战

出版，每个人都很忙，但老板并没有增加人手的打算，于是设计部的人也被派到发行部、业务部帮忙，但整个设计部只有小李接受了老板的指派，其他的都是去一两次就抗议了。

小李每次都会说："吃亏就是福嘛！"表面上也看不出他收获了什么福分，因为他要帮忙包书、送书，又去业务部参与直销的工作，此外，连取稿、跑印刷厂、邮寄……只要开口要求，他都乐意帮忙！

两年过后，小李自己成立了一家出版社，做得还真不错。

原来他是在"吃亏"的时候，把图书的编辑、发行、直销等工作都摸透了，他真的是占"便宜"了，收获了福份！现在他仍然抱着这种态度做事，对作者，他用舍得"吃亏"来换取作者的信任；对员工，他用舍得"吃亏"来换取他们的向心力，对印刷厂，他用"吃亏"来换取信誉。

想要累积经验，提高做事能力，就要学会吃亏，这样做同时可以扩张我们的人际网络。"祸兮福之所伏"就是最好的证明。此时吃亏，就可能在别的时候取得收获。有些时候，吃亏也算一种经营。有舍才能有得，舍得才能得到。

吃亏从某种角度来讲是一种隐形投资。对自己值得的或者是得大于失的人际关系，人们就应该倾向于建立和保持；而对自己不值得的或者是失大于得的人际关系，人们就应该倾向于疏远和逃避，甚至中止这种关系。

在人际交往中，社会交换本质要求人们在与人交往时必须让对方觉得自己的交往是值得的。而要做到这一点，则常常需要我们首先作出必要的自我牺牲。

有位名叫林达德的企业家，他既没有高学历，当初也没有金钱，更没

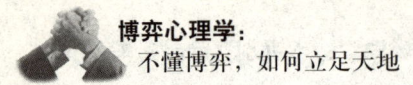
博弈心理学：
不懂博弈，如何立足天地

有辉煌的家庭背景，但却很快在商业上获得了成功。当有人向他请教成功的秘诀时，他说："我总是乐意向别人付出，因此也能得到别人的信赖和帮助。正是由此建立起来的良好人际关系，使我很快便走向了成功。"

平凡的林达德最初也是一个孤独的人，没有谁乐意与他交往。在忍耐了一段寂寞的人生之后，他逐渐悟出了这样一个道理：若要受到别人的欢迎，与人建立良好的人际关系，就必须作出必要的自我牺牲。

真正的与人交往之道，就是适当地给别人某些方面的"利益"。而这些"利益"，有时是物质方面的，有时则是精神方面的。

对于像林达德这种在物质方面几乎一无所有的人来说，所牺牲的"利益"主要就是精神方面的。比如说，无论多么忙碌，当有人来找他时，林达德都不会向对方表现出厌恶或不耐烦的样子，更不会拒人于千里之外，除非是真的无法抽身，他才会婉转地表达出自己的歉意，并在事后设法补偿缺憾。

林达德解释自己这样做的理由时说："像我这样一无所有的人，如果要想与别人建立起良好的人际关系，就不能不让对方感到与我交往是愉快、欢畅的。"

林达德是一个很会体贴、关照别人的人，对周围人的体贴甚至超过了别人自己的想法。每当有人说要到他那里玩，他都表示十分欢迎，并希望来人能在自己这里住上几天。背地里他无论多么拮据、多么苦恼，但从不表现出来。他好像随时都在欢迎他人的光临，并竭诚予以接待。当别人回去的时候，他甚至还想着给人带点小礼物、土特产之类的东西。

林达德总是尽自己所能来满足别人的某些欲求，而他这种不怕牺牲自利益的做法，也使别人对他有所助益，从而满足了他心中的很多欲求。

第五章　商场博弈：永远别让自己孤军奋战

其实，对每个人对身边的人都有不同程度的期待，都想让与自己接触的人给自己带来某些利益。如果我们能满足人们的这种心理，就一定能获得他们的好感从而也会给自己带来一定的助益。

长期以来，人们最忌讳把人际交往和交换联系起来，认为一谈"交换"就很庸俗，就亵渎了人与人之间的真挚情感。但事实上，人们在交往总是在交换着某种东西，要么是物质的、利益的，要么是精神的、情感的，或者是兼而有之。

不管是多么亲密的关系，我们都要去进行感情"投资"。如果忘记了这一点，即使原来非常亲密的关系也会陷入人际关系的困境。

对于普通人的交往来说，大家往往都遵循着互惠互利的原则。然而，要想让别人觉得与自己的交往确实是"值得"的，最好的办法就是积极地付出，首先作出自我牺牲。这样做，会使人觉得我们很豪爽、大度、重感情、乐于助人等，从而很快被他人接受和信赖。

我们所给予对方的，将会形成一种社会存储而不会消失，一切终将以某种我们常常意想不到的方式回报给我们。

这种"吃亏"不仅会赢得别人的尊重，而且无形中增添了我们的自信。显然，"吃亏"将带给人们一个美好的人际关系世界。而那些总是喜欢占便宜的人，其实是在损伤自己的尊严和信心、声誉。不愿牺牲自我利益而只想向别人索取的人，必将在社会交往中找不到立足之地。

在工作中，当遇到事情时，我们主动承担责任，主动吃些小亏，这样一来，我们向领导还有同事都展现了我们的豁达、我们的忍耐，从而会赢得好的声誉。可能还会因此而受到领导的赏识和器重，在我们的晋升道路上，我们的领导还有可能会成为我们的推力。

当我们在与对方进行合作时，我们总愿意主动吃一点亏，自己少得一点，多让一些利给对方，那么对方就愿意与我们保持长期合作的关系。因

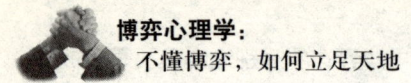

而，我们不仅没有吃亏，还会因为我们的主动吃亏而得到更大的利益。

当我们的生意做得不好时，我们还主动地让对方多得，自己少得。这就更显示出了我们的一种气度，一种度量。正是我们的这种"主动吃亏"的行为，会让对方对我们有好感，并愿意与我们继续合作，这样我们的生意就会越做越大。

在对方有难的时候，用物质帮助对方，再用真情实意去安慰对方。当时，我们可能是吃了一些亏，但是，日后对方一旦发达了，必然会加倍地回报我们。这都是因我们主动吃亏而得来的。

在与人交往时，无论遇到什么事情，都主动地吃一些小亏，是很有必要的。在一起吃饭时，主动为对方付钱；在办公室工作时，主动去为同事买饭；有什么大家不愿意做的事情，我们主动请缨；在大家不愿意加班的时候，我们主动替对方加班。主动地吃些小亏，看似是不起眼的小事情，久而久之，我们就会收获大的回报。因为我们的那些小小的付出，别人是看得到的。

人情重要，抢占先机同样重要

成功人士的一个共同特点就是，总能够先人一步，率先掌握信息，果敢采取行动。因为他们知道，机会从来不会等待任何人，如果他们不能及时抓住，那么就有可能与成功失之交臂。机会常常隐藏在各种信息中。所以，成功人士总是能从信息中发现宝贵的机会，果断出手，摘得成功的桂冠。

第五章　商场博弈：永远别让自己孤军奋战

1988年，还在日本的李晓华通过看报纸，看到了一条毫不起眼的消息："国产101毛发再生精在日本市场上的价格直线上升。"李晓华凭着敏锐的市场判断认定这绝对是一个不可多得的好机会。他想如果自己能够取得"101毛发再生精"在日本的代理权，肯定能赚一大笔钱。

于是，说干就干，他立即返回中国。在短短一个月的时间里，他与"101毛发再生精"的发明者赵章光结成了朋友，顺利地得到了生发精在日本的经销权。

李晓华垄断了"101毛发再生精"在日本的代理权后，以10美元一瓶的优惠价进货，然后以70～80美元一瓶的价格在日本抛售，真可谓是一本万利。

说到成功的企业家，一般人往往佩服他们那似乎是与生俱来的"呼风唤雨"、"左右市场"的能力。其实，在那叱咤风云的表象背后，是有规律可循的，那就是他们善于抓住关键信息、善于伺机而动。从表面上看，竞争残酷，似乎无从入手的市场，实质上并非"天衣无缝"，也是有"机"可乘，有"缝"可钻的，关键在于我们是否有一双锐利的眼睛，是否有着敏锐的嗅觉。

这就要求经商者必须做到头脑灵活，反应快速，只有这样，才能做到纯熟的境界。商场是竞争最激烈的地方，机灵和智慧是渡过难关、反败为胜、绝处逢生的利器。

19世纪中叶，有人说在美国加州发现了金矿。17岁的小农夫亚默尔也成为淘金大军的一员。越来越多的人蜂拥而至地赶往加州，一时间淘金者遍布加州，而金子自然也是淘不到多少。

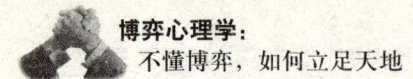
博弈心理学：
不懂博弈，如何立足天地

金子难淘，生活也越来越苦。加州气候干燥，缺少水源，许多不幸的淘金者极为不适应那里的环境。亚默尔也不例外，他被这里的环境折磨得差点死去。

一天，望着水袋中仅存的一点水，看着周围人对水的渴望，亚默尔突发奇想：在这里卖水肯定是个不错的生意。

于是，亚默尔从远方将河水引入水池，用细沙过滤水，就变成了清凉的饮用水。然后，他用水桶装水运到山谷处，以壶为单位卖给找金矿的人。

当时，有人嘲笑亚默尔胸无大志："来加州不找金子，却做这样的小生意。"亚默尔却毫不介意，继续做他的卖水生意。

结果，淘金者大多一无所获，而亚默尔却在短时间内赚了几千美元。这在当时已经是笔不小的财富了。

在商场上，永远不要等待，因为今天就是最后一天，没有等待明天的时间了。等待只会让自己和成功擦肩而过。只要认识到这一点，遍地都会是机遇，到处都会有财富。也许，犹豫不决固然可以规避一些做错事的风险，但同时也失去了成功的机遇。俗话说，"机不可失，时不再来"。生意场上，该出手时就要出手，犹豫不决只会错失良机。

许多成功人士都是善于把握机会和创造机会的好手，快手出击，等企业到了稳定的发展阶段往往就不敢再冒险了。因为这些成功人士深知，现在的企业已经不是个体赌博的筹码，而是关乎到整体中的很多人。但是，也要明白，对于一个企业来说，没有创新也就没有发展。警惕风险、规避风险固然重要，而发现、抓住机会对一个处于辉煌阶段的企业也同样至关重要。

另外，作为企业家还要提高把握市场的能力。企业要发展，老板既要勇敢抓住风险机会，又要谨慎对待，先人出手，减少不应有的失误，把企业做

第五章　商场博弈：永远别让自己孤军奋战

稳做长久，这既是对企业负责，也是对社会负责。

当然，在现代化社会，要做到先人一步，还要收集更多的信息。因为信息的多寡，常常是决定事业成败的关键因素。很难想象，一个闭目塞听、信息不畅的人能取得成功，一个目光短浅、孤陋寡闻的人能够在市场上抓住先机。只有具备清醒的头脑、广博的见识、丰富的阅历、准确的判断力，才能在纷繁的市场中披沙拣金，让信息为己所用。

我们常说机遇是可遇不可求的，但是有时机遇并不会主动来找你，这就需要你练就一双慧眼去发现并捕捉它。在这个错综复杂的商场中，机会可谓无处不在，但它更多地隐藏在繁杂的信息里，谁能先人一步捕捉到，并又快又准地去做，谁就是最大的赢家。否则，就只能与财富擦肩而过。

第六章　社会博弈：
争得第一未必赢得天下

第六章　社会博弈：争得第一未必赢得天下

能赢得一时，未必赢得一世

有位企业家曾说过："当你经过千辛万苦使你的产品打开市场的时候，你最多只能高兴5分钟，因为你若不努力，第6分钟就会有人赶上你，甚至超过你。"这句话告诫我们，高兴应该适可而止。社会就是一个战场，与这个战场上的每个人博弈，永远不要想着一时的输赢和胜败，一时的成绩不代表永久的成功；如果得意忘形，一味张扬、炫耀，只会带来负面效应。

在特洛伊人和入侵者希腊联军的战役中，双方均有胜负。后来有人给希腊联军献计，佯装撤退之势，只将一匹大木马留在城外，在马腹内藏若干精锐武士，其余主力军皆隐藏于附近。特洛伊人看见希腊大军浩浩荡荡地撤了，还真以为敌人就此罢手，于是将木马拖入城内，以作自己的胜利果实。

但让特洛伊人乐极生悲的事情发生了。就在他们享受春秋大梦的时候，木马中的敌人全都跳了出来，悄悄打开城门，和城外的主力部队里应外合，将特洛伊灭亡了。

在成功时不能抑制的骄傲自满情绪是造成失败的原因之一。我们在取得阶段性胜利时，便喜不自禁，忘乎所以，这是人类最普遍的弱点。

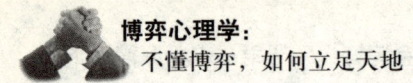

博弈心理学:
不懂博弈,如何立足天地

举例来说,当上司提升或嘉奖我们的时候,我们肯定会感到高兴、得意。高兴当然无可厚非,但是要记住不能忘形。如果因为得到一点荣誉就翘起尾巴,不知道自己是谁了,就会因此而止步不前,这就很危险了。在高兴的同时,要记得告诫自己这与自己的职业规划比较起来,只不过是微乎其微的一点成绩,所以不能高兴得太早,还需要继续努力。

2007年澳大利亚总理竞选之时,37岁的布洛戈登被认为是最有可能当选总理的竞争者。但"未来总理"的称号让这位年轻的政治家有些失去自我了。

就在选举前的某天,他去参加一个酒会,因为其多年的政治对手巴尔决定退出竞争,所以布洛戈登一口气喝了6瓶啤酒以示高兴,他还笑称巴尔的马来西亚裔妻子是"邮购新娘"。

巴尔听说后不满地表示:"他的话不仅深深伤害了我的妻子海伦娜,而且也刺伤了跟我妻子一样背景的其他公民。"对此,布洛戈登遭到了澳大利亚总理霍华德强烈的谴责:"那真是天大的错误。我很了解海伦娜,她为人热情大方,怎么能用那样的言论来说她呢。"

后来,布洛戈登在记者招待会上对自己酒后的言辞表示道歉,迫于压力,他不得不辞去自由党党魁一职,这意味着他将痛失成为澳大利亚总理的机会。

布洛戈登的得意忘形对他人的尊严产生了一种挑战与轻视,别人对他的排斥心理乃至敌意也就不自觉地产生了。这就要求我们在做人的时候,要学会"心张扬而神不张扬"。

有心眼的人,在得意的时候,总不会高兴得太早,取而代之的却是危机感。因为他们明白,一味醉心于取得的一点成绩,很快就会被别人击败。

第六章　社会博弈：争得第一未必赢得天下

事实上，危机无处不在，无时不在。当我们因为一点成绩而高兴的时候，实际上已经有很多人赶上并超过了我们。当我们在某一领域取得了一定成绩的时候，我们无须过分重视，因为我们得到的成绩已经成为了过去，成为了历史。我们的影子不必留恋——哪怕它很辉煌，因为它毕竟只是个虚无的影子而已。要知道，如果我们对我们的影子恋恋不舍的话，你就背离了照亮我们的太阳。

在得意的时候，要学会谦逊。这是件很美的事，因为我们会在平静轻松的感觉中获得内心的充实。如果我们确实有自夸的机会，那么，请将这一欲望抑制住吧，一旦我们能抑制住这种欲望的话，我们将会受益无穷。

一点成功就骄傲自满，博弈场上永远是输家

世间很多的失败都源于成功时不能抑制的骄傲自满的情绪。比尔·盖茨曾说："如果我们有了一点成功便觉得了不起，这是不可取的行为。如果在我们为自己的成功自鸣得意时，有一个人来教训我们一番，那么，我们就可以称之幸运了。"但是生活中并不是总有人来提醒我们不要骄傲，所以很多人都会因骄傲而犯错，从而导致自己的失败。

我们在某些事情取得阶段性的成绩时，应避免得意忘形，而是对自己说："我们这回运气好，事情还没完，还要继续努力。"生活中有太多的人会骄傲自满，当他们志得意满的时候，往往就会忽视隐藏的危险，把所有的注意力放在自己的小成就上，从而犯下致命的错误，使自己后悔莫及。

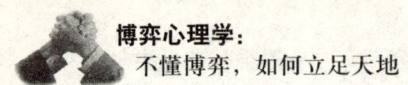

博弈心理学：
不懂博弈，如何立足天地

无论什么时候我们都应该严格要求自己，保持清醒的头脑，激励自己取得更大的进步，不要为一点小小的成绩就沾沾自喜，自满只会使我们停滞不前。

著名的教育家卡尔·威特在教育自己的儿子时，就非常注意表扬的方式，他从来都不会过分地表扬他，为的就是不让小威特骄傲自大。

对于儿子的善行，老威特会加以表扬，但为了防止他自满，不会过分表扬，只会很随意地说他的行为是对的，以后也该这样做。在向小威特传授知识时，他也注意不让儿子自满，比如，他交给小威特许多知识，但不告诉他这是物理学上的知识，那是化学上的知识等等，为的是防止小威特狂妄自大，以为自己比别人懂了很多专业的知识。

在小威特长大一些以后，卡尔·威特就这样循循善诱地对他说："无论怎样聪明、怎样通晓事理、怎样有知识的人，与无所不知、无所不能的上帝相比，只不过是九牛一毛，沧海一粟。只有粟粒大的一点知识就骄傲的人，实际上是很可怜的。""不要把人们的表扬放在心上，喜欢听表扬的人必然得忍受别人的中伤。被人中伤而悲观的人固然愚蠢，稍受表扬就忘乎所以的人更是愚蠢的。"

没有人喜欢与骄傲自满的人在一起，只有做到胜不骄，才能得到别人的尊敬与爱戴。一个只会沾沾自喜的人，注定只能做一只"井底之蛙"，到最后吃亏的还是自己。

有一只风筝，在主人第一次带它飞向天空时，它十分兴奋。但它还希望能够离天空更近一些，于是它不断地努力向上升。正当它兴奋地茫然不知时，忽然发现身下一紧。低头一看，原来是主人不再放手里

第六章　社会博弈：争得第一未必赢得天下

的线。

风筝很生气，心里想："为什么要这样抓住我？如果你再放松些，我可以飞得更高！"

于是它不断挣扎、不断努力地向上飞。但由于它用力过猛，线忽然断裂开来，风筝一下就失去了平衡，在天空中摇摇摆摆，翻了一个大筋斗后就往地面坠落。这时，吹来一阵强风，风筝被吹到一棵大树上，此时已破得不成形，再也不能飞上天了。

我们之中的很多人都会像这只风筝一样，因为自己有一些突出的特长，就产生一种优越感，对自己的能力产生幻觉，觉得没有什么事情可以难倒自己。这种优越感到达一定程度后，便会使人目空一切，不知天高地厚，从而使自己犯下错误，悔恨不已。

骄傲容易落后，得意容易忘形。很多人在艰难困苦中能够挺下来，胜利来临时却容易失败，这是因为骄傲常让人在最平坦的路上栽跟头。

《圣经》上说："骄傲在败坏之先，狂心在跌倒之前。"历史人物当中，有不少由于一时得势就忘形，以至犯下重大错误，最终导致失败甚至丧命，其中关羽就是最典型的例子。

三国时的关羽，武艺惊人、忠肝义胆，是天下闻名的猛将。他屡建奇功，乃当世难得的良将。但是，"颇自负，好凌人"却是他致命的弱点。

刘备在益州时，马超来降。关羽得知后，写信给诸葛亮，问道："马超武艺如何？"诸葛亮回信道："马孟起文武双全，雄烈过人，一代俊杰，可以和益德并驾齐驱，然而不及美髯公的超群绝伦。"关羽读完书信后很高兴，并把此信给宾客将吏们观看，以此来炫耀自己的才

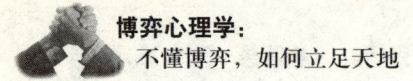

**博弈心理学：
不懂博弈，如何立足天地**

能，无形之中破坏了自己的形象。

刘备称汉中王后，拜关羽为前将军，张飞为右将军，马超为左将军，黄忠为后将军，当时费涛受命将任命送往樊城前线，但关羽看不起黄忠，认为黄忠不配当将军，于是勃然大怒说："大丈夫决不与老兵同列。"再三不肯接受印绶。后来，因费涛极力劝说，关羽才接了前将军的印绶，但依然不满黄忠。

关羽之骄在襄樊之战初期达到了登峰造极的地步。

这一年，樊城地区一连下了十几天雨，汉水暴溢，将樊城团团围住，驻扎城外的曹军营屯尽被淹没。关羽利用这一优势，乘战船猛攻曹军，将曹操派来助守樊城的大将于禁俘获，又擒杀曹军大将庞德。关羽猛烈围攻樊城之后，接着又派兵围困襄阳。曹操所置荆州刺史、南厂太守都投降了关羽；许都以南也纷纷响应，遂造成关羽"威震华夏"的声势，以致曹操也曾想将都城迁往黄河以北，以避关羽之兵锋。这时的关羽可说是无往不利，但同时也是最危险的时候，因为骄傲会造成他轻敌的错误，更会造成他孤立无援的局面。

关羽在这时本应加倍警觉，保持审时度势的清醒头脑。但他由于骄傲自负，不能很好地团结部众，麻痹轻敌，犯了兵家最大的错误。东吴大将吕蒙就针对他的这一弱点，设下了一套袭取荆州的计策。关羽先是被曹操大将徐晃战败；继而吕蒙渡江袭取江陵、公安，他的南郡太守糜芳和将军傅士仁，兵不血刃便投降了，以免受关羽所曾扬言的回师后的严惩。之后，由于蜀军刘封、孟达都拒绝救援他，关羽最终败走麦城，被吴军活捉杀身。

经常夸耀自己当年如何的人，现在肯定是生活得不如意的人。在我们的生活中，很多人只知吹嘘自己曾经取得的辉煌，夸耀自己的能力学识，却不知道这样已经引来了别人的反感,犯了人际交往中的错误。志得意满时,我们应该提高警觉,在最容易麻痹的状态下,时刻提醒自己不要犯错;要细致观察,不要放过任何一个微小的隐患,将其掐灭在萌芽状态,确保自己能够成功。

一个人实力非凡,即使沉默不语,也会在工作中得以体现。夸耀自己和自我表扬并不会为我们赢得好的机会,只会让我们变得孤独,断送我们的前程。因为当我们志得意满、夸耀自己时,往往会惹来别人的反感,犯一些伤害别人自尊与感情的错误,使我们失去朋友,因为没有人愿意和一个总喜欢自我表扬的人在一起。无疑,一个没有好人缘、不可信的人永远也不会与成功邂逅。所以即使有了一些成就,也不要到处炫耀,那样只会让自己犯错误而没有任何的好处。

俄国作家契诃夫曾经说:"人应该谦虚,不要让自己的名字像水塘上的气泡那样一闪就过去了。"如果我们认为自己拥有广博的知识、高超的技能、卓越的智慧,那就不要自我膨胀,因为志得意满的时候,我们总会看不到隐患,犯一些错误,因此一定要保持清醒,不要被小小的成就冲昏头脑,这样才能取得最后的胜利。

博弈不是为了突显自己,不要以自我为中心

大家不难看出有这样一群人,他们总是觉得自我感觉良好,做什么事的时候都只以自己的意愿为中心,要求所有人都为自己服务,却又置其他人

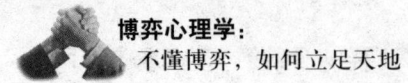

的需求于不顾,不愿为其他人做哪怕一丁点儿的牺牲,不关心他人痛痒。这主要表现在:第一,少关心别人,与他人关系疏远;第二,固执己见惟我独尊;第三,自尊心过强、过度防卫、有明显的嫉妒心。

总的来说,这种人心里只有自己,却从来没考虑过别人,崇尚的是"人不为己,天诛地灭"。主要原因还是以自我为中心,走向了严重的个人主义思想。

毫无疑问,这种自我的意识对他自己的发展有百害而无一利,这就严重影响了个人的形象,也影响了良好思想的形成。由于过于追求个人的利益,导致放弃了自己的崇高理想和远大抱负,因而失去了良好的人际关系,想想看,没有任何人愿意同这种自私的人合作共事或终生相伴。可以说,这种人最后只能是得不偿失。

坦白地说,任何人都会有一点自私的思想。尤其是现今大多都是独生子女,从小就生活在一种相对独立的生活状态中,他们是整个家庭的核心。中国的父母和其他长辈大多都过分地爱护自己的孩子甚至是溺爱,每做一件事都必须先考虑孩子,使得孩子们在不知不觉中就养成了自私自利的坏习惯,不能全面地思考问题使得他们忽视了别人的感受,他们往往只会考虑自己的利益。

在一家对外贸易公司从事出纳工作的刘丽,由于公司规模很大,财会部门就设立了两个办公室。刘丽的办公室被安排在6层的最里边,十分隐蔽,而且透过窗户,可以眺望不远处公园的美丽风景,非常的惬意,很适合工作累的时候休息。公司的许多同事都喜欢在休息时间聚在她的办公室聊天,哪怕只是临窗看看公园,也能驱赶些上班的劳累。刘丽的办公室在休息时间总是非常热闹,大家坐在一块儿互相交流工作心得、谈谈公司规章的缺陷,公司的一些管理者也都愿意来到刘丽的办公

第六章 社会博弈：争得第一未必赢得天下

室与大家一起交流。

刚开始时，刘丽觉得没什么，然而，随着时间的推移刘丽变得越来越无法忍受这种情况。她私下抱怨："窗外的景色虽然美丽，但由于办公室里的人太多，我却从来没有欣赏过。"她被自私的心理搞得很痛苦，终于有一天她在办公室门的把手那儿挂了一个牌子，上面写着"工作中"。这样，刘丽就可以一个人安静地工作了，自己想做什么就做什么，再没有人会打扰自己了，窗外那一大片美丽的风景也独属于她自己了，她为自己的"聪明"举动暗自高兴。

开始时，一些同事还是三五成群地在休息时间来串办公室，但是，刘丽总是说："我在工作，我在工作，没有时间休息。"随着时间的推移，同事不再来她的办公室，即使来办公室，也只是因为工作关系。

一段时间后，刘丽成了公司内的孤家寡人，同事们不爱和她交流，刘丽在工作出现问题时，同事们也不再像以前那样热心地帮助她。

后来，由于公司的经营出现一些问题，不得不裁减人员，裁减人员名单上的第一个人名就是刘丽。

刘丽因为自私，破坏了自己与同事间的人际关系，最后得到了下岗的惩罚。看来，自私的代价是巨大的。自私让我们在别人有求于自己时，不愿施予援手。虽然自己毫发无伤，却在别人的心里种下了怨恨的种子。

其实每个人都想获得利益避免伤害，这是人类的天性。如果可以的话，我们每个人都想要按照自己的想法，以获得自己最大利益的方式来与别人相处。可是，人们总是被相互影响和制约着，在这个系统中每一个变量的改变都会对整个系统最终的走向产生深远的影响。就像"蝴蝶效应"中说的那

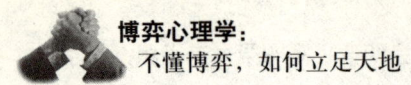
博弈心理学:
不懂博弈，如何立足天地

样，可能美国太平洋海岸的一只蝴蝶仅仅是扇动了一下翅膀，结果就引起了日本的一场海啸风暴。事物的发展往往不是按照哪个人的意愿在进行，虽然有很多人试图这么做。社会学家们指出，人际交往中最简单最实用的原则就是"你喜欢我，我就喜欢你"，所以若想得到别人的欣赏和尊重，首先要欣赏和尊重别人。人类的发展与和谐就是在这种相互制约的制度下平衡的。倘若每次都抱着"宁教我负天下人，休教天下人负我"的心态，那么离"为天下人所负"也就真的不远了。

有人这样说过，你能够在某段时间骗到所有人，你也能在某段时间骗某个人，可是你不能在全部的时间里骗到所有人。你是什么人，大家迟早能够把你看出来。到那个时候，你所辛苦建立起来的信誉就会像多米诺骨牌一样迅速倒掉，再怎样后悔也都来不及了。因为人际关系是一种互动中的平衡，若是你不幸违背了这一原则，那么你很快就会得到教训。曹操就得到了现世报，他刚刚把话说出来，陈宫就默默想到："我将谓曹操是好人，弃官跟他，原来是个狼心之徒，今日留之，必为后患。"于是，就想把曹操杀了。虽然，陈宫最后没有成功，但也决心不再辅佐曹操。对曹操来说，失去陈宫是一个非常大的损失，因为他从那以后没了一个能够真正帮助他的人，而是多了一个非常聪明的敌人。可见"宁教我负天下人，休教天下人负我"这样的话，也只是曹操的想象而已，说出来都会惹麻烦，更不要说去做了。除非我们脱离了这个社会。

每个人都要现实地面对这个社会，在这个社会中每个人都有自己的欲望和要求，并且享有相应的权利和义务，如此一来就很容易出现矛盾，因为现实不可能满足所有人的愿望。因此我们要客观地面对现实社会，学会礼尚往来和包容，当然我们也不应该放弃自我权利和欲望的满足，但不能一味地为自己考虑。要是每个人都以自我为中心的话，我们大家都不会有好日

第六章　社会博弈：争得第一未必赢得天下

子过。

跳出自己的圈子，多为身边的人想想，学会理解别人，并且学着尊重、关心、帮助身边的每个人。只有这样在需要帮助的时候别人才会伸出援助之手，在这个过程中我们可以体验到人生的价值与快乐。学会尊重别人，要善于学会发现别人的优点和长处，我们都应该知道人有多样性，我们生活在这个世界上是相互依存的，没有任何人能够独立地生存在这个世界上。

要提高自己的修养，就要明白自我意识的不现实性和不合理性。学会控制自我的欲望与言行。满足自己的利益一定要合情合理，在不伤害别人的基础上，把关爱留点给别人，把公心留点给自己。

博弈场上，切记狂妄自大

美国心理学家威廉·詹姆士说过："人类本质里最深远的驱动力是希望具有重要性。人类本质中最殷切的需求是渴望得到他人的肯定。"每个人都有虚荣心，好面子，别人的自尊心和你是一样的。聪明的人会明白对方的这种心理，并满足对方的这种心理需求。这样，才能真正赢得对方的好感，并被其接纳。

胡双燕是南京一家木材公司的销售部经理，她以前总是很直接地指出客户公司里那些对木材不是很了解的男检验员的错误。虽然最终她都是胜利的一方，可争论毕竟对谁都没有一点儿好处，反而使公司损失了

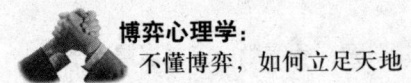

博弈心理学：
不懂博弈，如何立足天地

很大的利益。于是，胡双燕决定尊重一下别人的意见，不再像以前那样不给人留面子了。

有一天早上，胡双燕办公室的电话响了。一位男客户在电话那头愤怒地向她抱怨说运去的一车木材完全不符合他们的规格，他的公司已经下令车子停止卸货，并要求胡双燕立刻安排把木材运回去，他们拒绝接收这样的木材。

胡双燕对客户进行了简单的安抚工作之后，放下电话就赶紧动身到对方的工厂去一探究竟。途中，胡双燕一直在寻找一个可以解决问题的完美办法。

到了之后她发现，对方公司的购料主任和检验员王永铭都闷闷不乐，一副等着自己和他们抬杠吵架的姿态。于是胡双燕先走到装货的卡车前，要求搬运工们继续卸货，但是让工人们把合格的木材和不合格的木材区分开摆放，自己则不出声地站在一旁观望。

胡双燕看了一会儿，终于明白了，原来不是王永铭检查得不仔细，而是他把检验规则弄错了。那批木材是黑檀木，王永铭虽然对红檀木的知识很了解，但对黑檀木却不够了解。胡双燕恰巧对黑檀木的知识比较熟悉，但她并没有指出王永铭的错误，而是谦虚地问王永铭那些木材为什么不合标准。她还强调说自己会向他请教，只是希望在以后的交易中，能提供让对方公司满意的木材。胡双燕的做法，无疑博得了对方的好感，于是双方的气氛逐渐变得融洽起来。

同时，在胡双燕不时地、小心地提问之下，也让王永铭觉得有些原本自己认为不合格的木材可能是合乎规格的。于是他们也开始向胡双燕咨询有关黑檀木的相关知识，而胡双燕也趁机向他们解释为什么那些木材都是合格的，同时向他们保证：如果他们还是觉得不合格，自己也不会勉强他们收下。

第六章　社会博弈：争得第一未必赢得天下

在这种友好的氛围下，王永铭认识到问题主要出在自己对检验黑檀木的经验不足上，并且也没有向胡双燕的公司详细地说明他们想要的木材等级。最后的结果是，胡双燕走了之后，对方重新把卸下的木材又检验一遍，这次他们全部都接收了，于是胡双燕收到了一张全额支票。

没有人会忍受我们的轻视，对方的自尊和我们一样。在为人处世的时候，我们尊重对方，就要给对方留面子。人无完人，谁都有犯错的时候。其实，不说别人，我们自己身上也经常会存在这样的问题。只是，我们总是想着让别人给我们自己留面子，何曾想到自己是否给对方留面子了。

有一些人说话办事，总是想着自己的面子，忘记别人的面子，给别人留下了不会为人处世的坏印象。相反，聪明的人总会让对方的需求得到满足，从而达到双赢。

人们向来都是很注重外界对自己的评价的。当一个人被肯定时，就有助于创造良好的情境。因此，聪明的人要注意给对方留足面子，一定不能说伤人面子的话。因为给别人面子的同时也是在给自己面子。

然而，在现实生活中，我们常常喜欢摆架子、我行我素，在众人面前指责别人，而没有替他人设身处地地想一下，维护一下他人的自尊心。可见，只有低调谨慎的人，才能赢得更多的朋友。那些狂妄自大、看不起别人、唯我独尊的人，总是让别人唯恐避之不及，最终在人际交往中碰得头破血流。

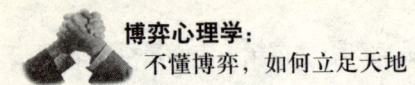

博弈心理学：
不懂博弈，如何立足天地

职场复杂，学会巧妙隐藏自己的实力

老子曾经说过："良贾深藏若虚，君子盛德，容貌若愚。"一个了不起的商人，深藏财货，而外表看起来好像空无所有；一个有修养的君子，内藏道德，而外表看起来好像是愚蠢迟钝的。这些才是真正聪明的人，因为他们知道隐藏实力，才能避免让自己当靶子的命运，免遭横祸。

以前作为学生的我们，可能才华横溢，可能经常受到老师的赏识，可能很张扬，但是我们要清楚地知道，在学校里，人际关系还是比较简单的，不会像职场上那么复杂——处处要应付不同的各种人际关系。所以，即便我们锋芒俱露，也很少有什么隐患。但是，进入职场，面对形形色色的人，你就要学会巧妙地隐藏自己的实力了。

有人说曾国藩之所以能够取得功成名就的原因，就是深谙藏锋不露之道。曾国藩由于从小受到家风的影响，生性刚硬倔强，这是一种性格优势，但也会带来消极后果。初入仕途，他本着为民请命、扭转危局的目的，采取了较为激烈的做法。

道光皇帝去世后，咸丰继位，他趁新皇帝求治心切的机会，连上四奏，极陈天下弊政，请求革旧立新。皇帝未予重视，他竟在朝堂上当面指责皇帝，差一点儿受到严惩。带兵以后，因无实权，为求办事速效，他又与地方官员发生了激烈矛盾，甚至他为清廷卖命的冲劲儿和惊人的

第六章 社会博弈：争得第一未必赢得天下

能量也引起了皇帝的猜忌。最后的结果是，咸丰七年(1857)他被迫居家守丧。一年后，由于胡林翼的活动和推荐，他才得以再次出山。

经此挫折，曾国藩性格开始了一生中最大的转变，也领悟了许多处世谋略。

清人郑板桥曾经在家里题过"难得糊涂"四个字，还说"聪明难，糊涂更难，由聪明而糊涂更是难上加难"。聪明人多自以为聪明，往往乐于显露；而糊涂则要求人佯为不知。所谓的糊涂并非浑浑噩噩，而是隐藏聪明的策略。曾国藩早年锋芒太露，为当权者所忌。曾国藩为咸丰帝所猜忌，就是因为当时其他官员对咸丰帝说，"曾国藩不过一匹夫，一回乡举兵，应者云集，实在可怕"。再加上曾国藩气势逼人，激化了同其他官员的矛盾。无论出于何种原因，过于显露自己都有坏处。

曾国藩自从被朝廷外放以后，深切感受到了"外吏之难，盖十倍于京辇"这句话的含义。经过几次挫折以后，他也学着糊涂了。

懂得隐藏，懂得退让，才能保证自己安全。而通常那些恃才傲物的人，却很难有好下场。

唐傲毕业于某名牌大学，他有过硬的管理才能和游刃有余的公关能力，但他还有一个缺点：争强好胜且易冲动，这也给他后来的职业生涯带来了不少麻烦。

唐傲毕业后就被珠海市一家中型合资企业相中，负责公司的宣传工作，当时他自己也这样考虑：应该好好干出一番事业来。初入职场的他写出来的文件颇受老总欣赏，他曾多次受到老总的当众夸奖。但半年后，和他同一批进公司的两个同事都升职了，可他还在原地踏步，于是产生了不平衡的心理，他竟迁怒于人事部的经理，而且还和人家吵了

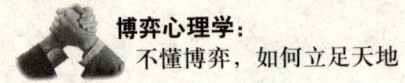

起来。

最后,他居然放出这样的话:"我豁出去了,不成功,便走人。"和人事部经理发生冲突后,他被老总叫去谈话,老总意味深长地对他说:"小唐,请你给我一个机会,让我了解你,认识你。"老总想再观察他半年,把公关部经理的位置给他做。年终调整薪资的时候,他的工资翻了将近一倍。这一喜讯没让他高兴多久,他就又开始心理不平衡了。因为同一批和他进公司的同事又有了新变化,要么升职,要么外调别的部门任职,而他还是处于起跑阶段。

他觉得再这样等下去是没结果的,于是又露出了他那种任性的本性。有一次,公司通知他在休息日加班,他觉得这样对自己不公平,便断然拒绝了公司的加班要求,这让公司高层领导觉得极为尴尬。于是,老总也没什么耐心给他考验的时间了。从此,老总将他打入"冷宫",最后,他也自觉无趣,辞职了。

初入职场的年轻人往往急于显露自己的才能和实力,表现得锋芒毕露、急于求成,凡事都要争个"先手",有时动不动还要来个"抢跑",这必然会过早地掀起和卷入竞争,也会在潜规则下显得被动,最终落得个英雄无用武之地的下场。在社会中需要修炼的不仅仅是个人的才能,还有我们张狂的个性。

第六章　社会博弈：争得第一未必赢得天下

做人低调些，炫耀自己只会惹人厌烦

著名的法国启蒙思想家孟德斯鸠说过："我从不歌颂自己，我有财产，有家世，我花钱慷慨，朋友们说我风趣，可是我绝口不提这些。固然我有某些优点，而我自己最重视的优点，即是我谦虚……"这句话的意思是：当一个人处于得意的时候，更要懂得谦虚，说话一定要谨慎而言。

低调的人都清楚："得意时不要太张扬。"当我们人生得意的时候，千万不要在那些失意者面前谈起我们的得意所在，这就是为什么在得意之时要慎言了。

王华和迁刚是好朋友，迁刚现在正处于人生低谷，王华特意约了几个关系不错的朋友来家里吃饭，目的是想让迁刚的心情好一些。前不久，迁刚破产了，他的妻子还因此和他闹离婚。因为这些，迁刚痛苦到了极点。

朋友们都知道迁刚的境遇。所以，大家都避免去谈与生意和家庭有关的事情，但其中有一位就很不识趣儿。这位仁兄前段时间发了笔大财，酒过三巡后就忍不住开始炫耀他赚钱的本领了，大家都看不惯他那个得意劲儿，而迁刚只是沉默不语，脸色不悦。后来，迁刚就借故提早离开了。王华送迁刚出去时，迁刚愤愤地说道："他再牛也不必在我面前这样显摆！"此时，王华心里难过极了。

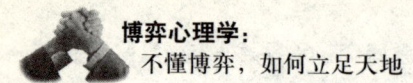

博弈心理学：
不懂博弈，如何立足天地

当别人失意的时候，不要提及自己的得意之事，这种做法是聪明的表现。因为人在失意的时候，心灵是最脆弱的，在那个时候我们说出一件得意的事情无异于往人家的伤口上撒盐，他会认为我们是在故意挑衅。他会因此郁郁寡欢地离开，但不要以为他只是如此而已，他会在心中产生一种心理——怨恨。怨恨是一种深植于内心深处的反抗。让事情更糟的是，这种怨恨一旦释放出来，就可以毁灭我们现在所拥有的一切。仔细衡量一下，这样做是多么愚蠢的行为啊！这样做的后果还会让我们失去一个朋友。如果一直这么下去，我们在社会上也就失去了立足之地。

也许大部分人都会有这样的想法：一个人正值得意的时候，为什么不能谈论自己得意的事情与他人分享呢？而且这些事还是通过自己努力去实现的。但是，当我们谈论时一定要看场合和对象。比如：我们可以在公开的演说场合大谈，对我们的员工大谈，享受他们投给我们的羡慕眼光；我们也可以对路边的陌生人大谈，只要不怕陌生人把我们当成了神经病。

真正"低调"的人决不会恣意炫耀自己的得意之事，他们也不会自我沉浸在得意的荣誉中，他们会继续努力去做那些需要去做的事。因为相对论而让爱因斯坦声名大振。有一次，他小儿子这样问他："爸爸，你做了什么让你这样出名啊？"爱因斯坦说："当一只瞎眼甲虫在一根弯曲的树枝上爬行的时候，它看不见树枝是弯的。我碰巧看出了那甲虫所没有看到的事情。"的确是，得意之时的慎言不仅是成功的要素，而且是获得人心极好的方式，低调者越不在众人面前显示自己，就越容易引起别人的认同，得到别人的赞扬和支持。相反，如若不保持低调，在得意的时候肆意地炫耀自己的成就，别人就会认为我们是在自夸，甚至有可能产生隔阂。

第六章　社会博弈：争得第一未必赢得天下

博弈不是争辩，争论不休将失去所有朋友

如果想和别人有一个良好的关系，我们就要时刻注意自己说话的语气；如果我们想和对方交朋友，就不要总是和对方在一些小事上争论不休。其实，每个人都有自己的观点，不可能让每个人都和我们想的一样，因此应该时刻抱着宽大的心，让自己可以接受更多的、不同的意见。

每个人的生活背景不同，生活经历不同，因此每个人的思想也不一样。当我们想和别人交朋友时，就要先意识到这一点，知道每个人的想法必然有不同，这样就不会为彼此想法不同而懊恼了。有些人比较低调，他们不喜欢与人争执，即便大家的思想不一样，他们也可以各过各的，互不影响；但是，有些人却爱认死理儿，而且比较高调，总想和对方争个高下，而事实上这种争执对他们来说并没有任何意义。

如果我们和朋友为一个并非涉及原则性的问题来争个高下，那么自己最终能得到的是什么？不过是朋友之间伤了和气罢了。也许是为了逞一时之快，但是即便我们在争辩上赢了，可是在人际关系上却输了。聪明的人从来不会为这些小事或是为了显示自己懂得更多来和朋友争辩。我们要问问自己，是逞口舌之快重要呢，还是拥有一个朋友重要？如果为了争辩而失去了朋友，那绝对是不划算的。

王平在学校的时候成绩就一直名列前茅，而且不只成绩优秀，他还

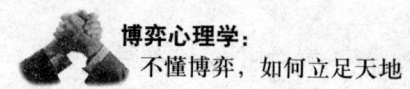

博弈心理学：
不懂博弈，如何立足天地

是班里和学生会的干部。平时，很多事情都是由他来拿主意，因此他一直觉得自己很优秀。但自从出了校门，这种状况就改变了。他现今只是一个公司的普通员工，原来在学校里的那种光环不见了，但他依然心高气傲，不管做什么都不服管，总觉得自己有道理。作为一个职场新人，王平吃了不少苦头。

一次，他和办公室里的一位前辈因为一个程序处理问题吵了起来。他觉得自己编写的程序是对的，而那位前辈只是认为他写的程序稍微烦琐了些，其实有更简易的写法，因为程序写得越烦琐，以后出故障的可能性就越大。但是，王平却觉得那位前辈是在故意刁难他，因为他的程序本来没有错，就算是写得复杂了点，同样可以达到效果，干吗非要拿这件事让他当众出丑呢？于是，王平自以为是地据理力争，不管怎么说，他就想让自己的成果得以应用。可事实上，他和那位前辈争吵之后，由总经理出面，他的程序还是要改，因为这关系的不是他个人的利益，而是整个公司的利益。其实，王平心里也明白，程序修改一下会更好，但他只是为了自己的面子就不管不顾了。自此以后，总经理对他有了偏见，办公室里其他人和他也都比较疏远了。他不仅没有争辩过那位前辈，还赔上了自己技术不过硬的坏形象，这就叫"一步走错，满盘皆输"。

王平开始反思自己：尽管自己在学校的时候是个风云人物，但是那只是在学校而已，与真实的社会相比，那就像一个过家家的游戏。他开始明白，在职场中，想要获得好人缘，就要时刻保持谦虚谨慎的态度，与人交往的时候不要老想着一争高下，适当的时候多恭维一下别人也是必要的，毕竟自己还是新人。他想到这里，就知道自己应该怎么做了，于是他开始尽量去改变自己的这种境况。在一次午休的时候，他当着大家的面给那位前辈道歉，并希望大家都能接受他这个刚入社会不久的新

第六章 社会博弈：争得第一未必赢得天下

人的歉意，之后邀请大家一起去吃自助餐，算是为那天的事赔罪。

在王平的邀请下，大家都欣然地接受了他的好意，后来他在办公室里和大家的关系也渐渐好了起来。

从王平的故事里可以看出，一个人如果喜欢与人争执，可能就会被认为是一个不易相处的人。那么，当你想要再与别人建立联系时，就会比较困难了。

大家要记住，遇到什么事情都不要急着与人争辩，先考虑一下是否是自己的原因。如果真是自己错了，那么就应该听取别人的建议。如果这个时候还要和别人争辩的话，那就是无理取闹了。事实上，如果与他人争辩，即便是真理掌握在我们的手上，我们也该语气平和、娓娓道来，而趾高气扬地和人争辩，就算我们说服了别人，别人在面子上也过不去，之后对我们也将心存芥蒂。当然，如果在迫不得已的情况下，我们也要选择合适的时机，采取合适的方式，来向对方解释和阐述自己的理由。

总之，争辩不会为我们带来朋友，相反，我们可能会因此而失去更多的朋友。

博弈的最高境界，体现在自己的心胸上

在有弥勒佛的寺庙里，可以见到"大肚能容，容天下难容之事；开口便笑，笑世间可笑之人"这副对联。这是讲人的度量的一副对联，人的度量如

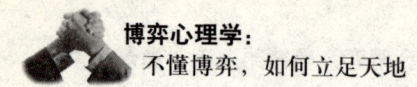

博弈心理学：
不懂博弈，如何立足天地

果能达到容天下之物的境界，其思想便是进入"禅"的高层境界了。度量，是包容他人短处或是过错的态度。度量大，就可以得到更多的人心，收集更多的力量，做事情也更加容易成功。"胸宽则能容，能容则众归，众归则才聚，才聚则业兴。"中华民族的优良传统就是雍容大度。《论语》中有言："君子坦荡荡，小人常戚戚。"成大业者，就要有拿得起、放得下的豁达胸襟；如果事事计较，没有容人的度量，不但难以取得真正意义上的成功，自己也不会体验到任何快乐和满足。

在平时待人接物之中，度量的大小将直接影响到人与人之间的关系能否顺利进展。天下没有完人，即使智者也会有犯错误的时候，因此，你不应该因为别人的一次过失，便看不起他，甚至在内心将其置于一种"永不超生"的境地。在别人犯了错误，尤其是涉及你的利益时，能否以一种宽容的态度来对待，是衡量一个人素质高低的标准。宽容别人的错误，使其有更多改正的机会，你也会因此变得更加充实。当然，你也不应该因为自己一次过失或失败，便内疚不堪、自怨自责。人都是会犯错误的，只要能够从错误中吸取教训，及时加以改正，这也算是一种幸事。

在第二次世界大战时，有一支部队和敌军在森林中狭路相逢。经过激烈的交火，有两名士兵和部队失散了。这两名战士是同乡。二人在偌大的森林中艰难地寻找着失散部队。在这期间，他们互相鼓励、扶持。过了十几天，他们还是没能和部队取得联系。这一天，他们抓到了一只鹿，这些鹿肉也只能让他们勉强维持几天。可也许是因为战争的缘故，从那之后他们再也没有抓到任何猎物。就剩下最后一点鹿肉，背在年轻战士的身上。这一天，他们又一次遭遇了敌人，在激烈的交火后，他们巧妙地逃离了敌人的围剿。

就在二人都以为成功脱困的时候，只听一声枪响，那个身背鹿肉

第六章　社会博弈：争得第一未必赢得天下

的年轻战士中了一枪，万幸，他只是肩膀中了一枪，并没有伤及要害部位！后面的士兵赶紧跑了过来，担心战友安危的他泪流不止，于是，自己赶紧撕掉自己的衬衣撕下为战友包扎伤口。

晚上，因为思念母亲的缘故，那个没受伤的战士一直两眼直勾勾的念着母亲的名字。他们都认为这里就是他们的葬身之地。尽管饥饿难忍，但他俩谁也没舍得动最后那点鹿肉。出人意料的是，就在次日清晨，他俩被失散的部队成功营救了。

30年后，当那位受伤的战士安德森回忆起这段往事时说："我知道打我那枪的人是谁，那人正是我的战友。在他抱住我的时候，我感到了他的枪管很烫。当时我百思不得其解，究竟是什么原因使他对我下手呢。但是在当天晚上，我决定我原谅他了。那晚，我想明白了，是因为那些鹿肉，他想靠那些鹿肉活下来，他想为了他的母亲活下来。在这30年间，我假装根本不知道此事，也从没提起过。战争就是这么残酷，他母亲还是没能等到他回来，我和他一起去拜祭了他的母亲。那一天，他突然跪下来请求我的原谅，还没等他说完，我就扶起了他。我们是患难与共的战友，我理解他的难处，我原谅了他。"

想摆脱痛苦的纠缠，最好的方法就是原谅那些曾经伤害过我们的人。

路易斯密得说："也许在很久以前，有人伤害了你，而你却忘不了那件不愉快的往事，到现在还痛苦不堪，那就表示你还继续在接受那个伤害。其实你是很无辜的，你要了解到，你并不是世界上唯一有这种经历的人。赶快忘掉这不愉快的记忆，只有宽恕才能释放你自己，让你松一口气。"如果我们的心里已经酝酿出憎恨的情绪，那么我们的生活可能会慢慢失去秩序，我们的行为也会变得越来越极端，最终酿成大祸。

统一集团的董事长高清愿也曾经说过："待人处事，要包容大度。"道

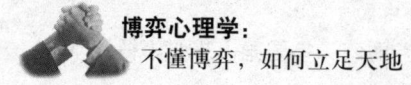
博弈心理学：
不懂博弈，如何立足天地

理人人皆知，但说起来容易做起来难，有人就开玩笑地说："眼不容沙，况他人辱骂？"高清愿认为，想要有所作为，就必须要有足够大的度量，他举了一个自己的例子来证明。

出于道义与情义，高清愿很多年前在台南投资了一项并不熟悉的事业。刚刚接手这个企业时，这个行业的前景不是很好。身陷这种境地，他们苦撑多时也毫无转机，最后只能无奈退出。

但是事情解决起来并不像想象中的那么顺利，这家公司的一些高级员工，他们把问题泛政治化，把劳资对立问题放大化。这期间，高清愿身上背负了许多莫须有的罪名，这对他个人而言造成了不小的伤害，很多朋友都看不下去了。之后，这家公司换了好几个负责人，他也慢慢淡忘了此事。后来，他听朋友说有一家企业负责人希望能和统一公司达成商品销售合作一事。

进一步了解后，当初接手的那家公司，就是现在提出合作的公司。虽然那家公司已经更换了负责人，但是当初一些抨击他的员工，仍然在主要部门任职。在这种情形下，他还是决定要和这些朋友会面，并愿意帮助他们搞销售，不久之后，又设宴款待这些新朋友。结果，宾主尽欢。

一些熟悉他的朋友都认为高清愿的做法不值得也没有必要，而高清愿却认为，在成人的世界里要化敌为友并不是一件容易的事，如果他仅是顺势帮他人一下，再诚心请别人吃顿饭、谈谈心，即能化解误会，何乐而不为呢？同时，他说自己只是个普通人，遇到别人的挑衅，自己也会生气，不过事后，也就把这些生气的事给忘了。

最终，统一集团在高清愿的带领下，成为了业界的龙头。

第六章　社会博弈：争得第一未必赢得天下

　　一个只有小学文化水平的人，是凭着什么创建起这个庞大的商业帝国的？究竟是什么魅力，能够让员工们死心塌地为高清愿效命？说穿了，就是他拥有高瞻远瞩的博大胸怀。

　　当今世界，充满竞争。人与人之间有竞争，企业与企业之间也有竞争。适者生存，谁都想在竞争中胜出。一个人的胸怀在这个时候显得至关重要。要提高自己的竞争砝码首先要有大度的胸襟。

第七章　谈判博弈：
胜败往往只在一瞬间

第七章　谈判博弈：胜败往往只在一瞬间

喜怒不形于色，才能当常胜将军

在谈判中，最忌讳的事情是谈判者慌乱、狂躁不安，自乱阵脚，言语过激，以至于语无伦次，漏洞百出。虽然这样发泄了心中的怨气，但也恰恰给了对手以可乘之机，同时也将自己陷入被动位置。因此，哪怕谈判形势危急，也需要控制好自己的情绪，喜怒不形于色，占据心理优势，积极寻找对策，伺机反击。谈判中常常会出现一些争执，这是极为正常的，但谈判并不是吵架，不是将对方骂倒，就赢得了所有的胜利。反之，如果对手用侮辱性的语言激怒了我们，而我们火冒三丈，出言不逊，那我们的处境将由主动变为被动，这样我们就只能被对手牵着鼻子走了。

喜怒不形于色是谈判中的一项基本技巧，太过情绪化的人会显得很不成熟。高兴就情不自禁，难过就立刻黑下脸，把心事全部写在脸上，很容易被别人看透自己的内心，在双方进行谈判时会很容易吃亏。

大千世界，我们肯定会有看不惯的人和事，肯定会有不满，但在人际交往和谈判中，一定要学会隐藏自己的情绪，情绪外露，言辞过激，很容易得罪人。

张侃是一个自由撰稿人，在文字圈里小有名气。但是他有些恃才傲物，性格比较极端，所以遇到了很多阻力，有些出版社拒绝与他合作。

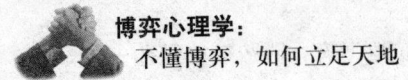

博弈心理学：
不懂博弈，如何立足天地

　　张侃最大的缺点就是藏不住事，所有情绪都写在脸上，一不高兴，脸色就非常难看，甚至面露凶光。

　　很多人都劝他收敛一下自己的坏脾气，要学会喜怒不形于色，哪怕再不高兴也要控制自己。张侃却不以为意。

　　后来，张侃写了一篇新稿子，带着去出版社洽谈。负责接待他的主编是位新人，对很多专业问题都不是很了解。

　　"我觉得你的稿子有问题，这里，还有这里都不是很好。"主编看完后，表达了自己的想法。

　　"这里是个伏笔，是全文的主线，去掉就不好了。"张侃一看主编就是个外行，满脸不屑地解释。

　　主编看到张侃的神情，对他的印象一下子就变差了，只是没表现出来。

　　"我觉得你的故事也不够吸引人，你还是回去改改再发给我吧。"主编大体看了一遍，还是不满意。

　　这下张侃不干了，从椅子上弹了起来说："我的故事多好看啊！环环相扣，又有悬念，你懂不懂啊？"

　　看到张侃这么激动，主编强忍着怒气，把稿子扔在桌子上说："你是个大牌作者，我们用不起，还是不要合作了。"主编虽然没有表现出震怒，但拒绝得很坚决。

　　没办法，张侃虽然心有不甘，也只能恨恨地离开了。

　　张侃所有的情绪都被明眼的主编看在眼里，他的轻视和不满，让主编很生气。最后的情绪大爆发，导致直接让主编给淘汰了。主编说得是有些不合理，但作为作者，张侃应该隐藏自己的不满，这样才能赢得对方的好感，争取到合作机会，但很可惜，他并未做好。

第七章　谈判博弈：胜败往往只在一瞬间

喜怒不形于色不是虚伪和做作，而是一种聪明的处事手段，是保护自己、赢得别人信任的交往技巧。在交际或想要说服对方时，如果我们的情绪太过明显，太过容易被人看透，那么必将陷入被动的境地，给了别人讨厌自己或利用自己的机会。

有些人很固执，他们不愿意戴着面具，认为最真实的自己才是最好的。我们不完全否定他们的想法，但是世上的人形形色色，好坏难以辨别，如果我们的真实被不怀好意的人加以利用，最终受伤害的肯定是自己。

所以，我们要用正确、成熟的眼光来看待喜怒不形于色的问题，不要武断否定，这在交际中是很危险的行为。

做到喜怒不形于色的好处是非常多的，在说服对方时，如果能控制好自己的情绪，不被对方看透，那么我们就掌握了主动权。对方不知我们的底细如何，就不敢轻举妄动。

在跟别人交谈，想说服对方时，千万不要任性，毕竟大家都不是小孩子了。在交谈中，没人有义务看我们的脸色，也没有人会过多在乎我们的情绪，所以，要学会控制自己的情绪，掩饰自己的真实想法，这才是成熟的说服之道，才能得到他人的尊重和认可。

其实做到喜怒不形于色不是困难的事。每个人都会有情绪，高兴时想笑，难过时想哭，这都能理解。但我们需要做的是要把情绪藏在心里，不要表现在脸上就好了。

对他人有意见，也不要生气，尽快组织语言，表达自己的感受；生气了，可以通过心理暗示等方法宽慰自己。

张丽是个急脾气，心里有不满，不仅立刻表现在脸上，还会直言不讳地说出来。为此，不了解她的人都很讨厌她，了解她的朋友只能无奈

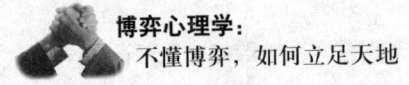
博弈心理学：
　　不懂博弈，如何立足天地

地说："张丽是个直肠子，但心地不坏。"

张丽毕业后，在职场上因为太情绪化吃了很多亏，她经常跟朋友抱怨自己的不如意。后来，朋友都建议她，要学会控制自己的情绪。为此她想了很多办法，最终找到了适合自己的方法：通过心理暗示来提醒自己。

张丽的同事知道她的弱点，有时会故意用激将法让她情绪化。张丽亏吃多了，自然就学会了约束自己。每次她想爆发的时候，都会在心里说："情绪化是可怕的，我要保持心态平和，要保持心态平和。"

想到这些，她就想起之前自己受到的委屈，慢慢地就学会了控制情绪，渐渐改掉了太情绪化的坏习惯，做到了喜怒不形于色。

有些人的自我控制能力差，动不动就泄露自己的情绪，特别想发泄出来。这时如果不能控制情绪，就必须想办法化解，心里暗示就是很好的方法。

要想做到喜怒不形于色，还要提高自己的修养和人生阅历。不能控制自己的情绪，往往是个人修养不够，很多事都看不明白。如果修养提高了、社会阅历丰富了，就会很快地成熟起来，谈吐举止、情绪表达，都会趋于稳定化。

提高个人修养的方式有很多，多读书、多跟有能力的人交往，遇事要多听、多看、少说话，等考虑清楚了再表达。慢慢磨合自己的性格，做事三思而后行。不论何时，都要用理智的思维看待问题，保持头脑冷静，避免一时头脑发热而冲动地表露自己的情绪。

如果我们善于观察那些成功人士，就不难发现，他们都能很好地控制自

第七章　谈判博弈：胜败往往只在一瞬间

己的情绪，做到藏而不露，任何时候都不会因为情绪失控而失去温和的处事方法，可以说，他们的自控能力和城府都是很深的。

在交谈时，要用成熟的方式去跟他人交往，凡事好商量，尽量在平和中达成自己的社交目标，不要动怒，通过情绪化的方式来解决问题。后者通常会把问题变得更加复杂。

总而言之，在跟人谈判想要说服对方时，一定要保持头脑冷静，喜怒不形于色，只有这样才能处于有利的位置，才不会让自己处于困顿之中。

谈判就是博弈，激起对方欲望就是胜券在握

俗话说："商场如战场。"而在商场上必然产生的每一次商业谈判则成为了谈判者斗智斗勇的战场，每一次谈判都好像是一次心理较量，谁的心理足够强大，谁就能在硝烟四起的战场中撑到最后，谁就是最大的赢家。那些卓越的谈判者，绝对都是强劲的心理学家，即便不是最专业的心理学家，也绝对是内心十分强大的人。谈判，从形式上说是打口水战，其实，每一句话，甚至每一个词语都是谈判者经过仔细斟酌而说出口的。所以，也许我们所看到的或听到的谈判仅仅是一张嘴，但嘴巴后面所代表的将是谈判的心理，因此，一场谈判其实就是心理较量。而我们首先要做的，就是掌握对方心里，然后激起他内心的好奇和欲望。

没有欲望的人是绝对不会被打动的，正因为如此，要想谈判取得成功，成功说服对方，首先就必须使他们自身产生相应的欲望。

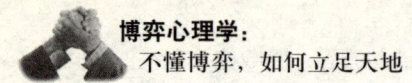

博弈心理学：
不懂博弈，如何立足天地

优秀的推销员绝非一上来就说"请买这个产品"，有经验的谈判者也不会一上来就要求得到对方的定论。他们会先与客户进行日常谈话，显出一副没有任何企图的样子，从轻松的谈话中找到对方的心理燃点，慢慢点燃对方心中的欲望之火。激发他人的欲望的奥秘在于，偷偷潜入对方的欲求之中。

佳佳是某商场化妆品的销售主管，管理多个化妆品品牌。一些化妆品专柜的销售人员希望佳佳能够给予自己品牌更多的支持，因此经常送给佳佳一些化妆品小样。一开始，佳佳会使用这些小样，后来收到的小样越来越多，佳佳想："为何不把这些小样放到网上卖呢？"可是她每天的工作内容满满的，根本没时间照料网店。当佳佳了解到同学小倩从事行政助理工作，较为清闲时，她决定说服小倩开个网店，帮助她销售化妆品小样。佳佳知道小倩一贯做事谨慎，不会轻易答应的，但她仍然决定试一试。

接下来的日子里，佳佳连续几次送给小倩化妆品小样，并且每次都会告诉小倩这些化妆品很贵，如果把这些小样卖出去，也是一笔不小的收入。小倩也表示认同这一想法。过了一段时间，佳佳觉得时机成熟了，就向小倩提出合伙开网店的想法。可小倩仍然不太愿意，佳佳就告诉她，化妆品小样很受欢迎，这个网店肯定能赚钱，闲着就是浪费时间，等等。

小倩经过一番考虑，觉得这的确是个利用业余时间赚钱的好办法，就答应了佳佳的提议。

在这个事例中，佳佳之所以说服了做事谨慎的小倩合伙开网店，就是因为佳佳一步步地激发了小倩利用闲暇时间赚钱的欲望。当小倩渴望一边打发无聊时间一边赚点外快时，她就会同意开网店的提议。

第七章 谈判博弈：胜败往往只在一瞬间

值得注意的是，激发他人的欲望一般很难做到"一触即发"，说服者需要具备一定的耐心，要能沉得住气，并且要能够承受激发对方欲望所带来的时间成本和经济成本。

此外，在通过激发欲望说服他人之前，说服者要对说服成本和效果进行评估，确保成功说服后所得到的回报的价值超出说服过程中的付出。如果结果相反，那么采取这种说服策略就是得不偿失的了。因此，只有具备了一定的承受能力，这种说服方法才能被成功运用。

激发欲望的一种很常见的方式就是引起他人的好奇心。每个人或多或少都会有猎奇心理，对难以获得的东西充满向往，想要看个究竟，好奇心非常大。正因为如此，一个哪怕毫无意义的事物只要能引起人们的好奇心，人们也急于了解它。

因此，当想要争取他人的同意或者想和他人商量某事时，不妨采取"卖关子"的方式，故作神秘引而不发，引起他人的好奇心，进而使对方主动对我们所说的内容产生兴趣，再趁此时机提出我们的意见，说服对方便可水到渠成。

王工程师想换装一个新式的测量表，但他了解工地工头非常固执，不愿意接受新生事物，每次提出关于变动的计划，都被他否定了，这次更换测量表的建议肯定还会被他驳回，那么怎样才能使工头同意自己的提议呢？

一天，王工程师把新式测量表放在衣兜里，手里拿着一些要征求意见的文件来到工地。当大家正在讨论文件上的事宜时，王工程师把那个新式测量表从衣兜里掏出来看了看，然后又放进去，前后重复了几次这一动作。这时候工头终于按捺不住自己的好奇心了，问道："王工，你兜里放着什么东西？"

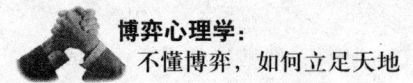
博弈心理学：
不懂博弈，如何立足天地

王工程师淡淡地回答："这个啊，就是个测量表。"

工头进一步盘问道："什么测量表啊？拿出来让我看看！"

王工程师故作神秘："我看啊，你还是不要看比较好。"他一边假装要离开，一边补充说，"这个是给别的部门用的，我看你们用不着它。"

王工程师越是表现出不想给工头看测量表，工头就越是想对这个测量表了解个究竟。听了这话，工头开始琢磨："别人能用的东西，为什么我们用不着呢？"于是他来到王工程师面前请求道："给我看看吧，我很想知道这个表有什么不一样。"当工头打量这个新式测量表时，王工程师假装随意地把其优点讲给工头听。过了一会儿，工头着急地喊起来："我们怎么用不着这个啊？我一直在找这个东西呢！"王工程师听后表现出很无奈的样子，实际上他暗自笑了，他的目的就这样轻松达到了。

生活中往往会遇到一些固执的说服对象，他们不愿意听取他人的意见，习惯借反对他人来树立自己的权威。面对这样的人，直接的劝说恐怕无济于事，甚至还会使对方产生抵触心理，这时候引发好奇心的说服方式便可以派上用场。引起对方好奇心的说服方式，需要先做出一些无意识的小动作，当对方的好奇心被激发之后，再慢慢进入说服主题。

当然，激发他人欲望的说服策略在实施过程中，应根据不同的说服对象进行具体分析，基本的说服方式有以下几种：

1. 暗示好处或者可以避免坏处

如说服已经有一台电视机的家庭购买电视机，不妨这样说："只有一台电视机，两个孩子不会抢吗？再有一台的话就不存在这个问题了。"或者说："夫妻俩为抢遥控器而吵架，多没意思啊。"大部分人想到一件商品如

第七章 谈判博弈：胜败往往只在一瞬间

果能够帮助避免家庭矛盾，都会同意购买。只有当人们认识到按我们所说的去做可以得到好处或者可以避免坏处时，人们才能对此产生欲望，这时候再劝说就轻松多了。

2. 故作悬念

当人们发现自己对某件事物还有不了解、没看到的地方，就会对事物未知的部分持有一种急切期待的心情。说服者可以通过故意掩盖事物的某一部分，或者制造某种悬疑来激发对方的好奇心。一旦人们对某件事物好奇，便会开始渴望这一事物了。

3. 欲擒故纵，假装不让对方得到

在上述案例中，王工程师想要工头使用新式测量表，但他告诉对方"你们部门用不到"，他越是这么说，工头就越想要。原因是这种"得不到""不给你"的东西，往往具备极大的吸引力。

4. 制造限制条件

我们去商场购物，当听到销售员说"这是全球限量版"的时候，神经不由得就会紧绷一下，因为限制条件的出现，激发了我们拥有稀世之品的欲望。

不懂心理学，不配坐在谈判桌前

对于传统的科学文化知识，我们可以通过科学家或者研究人员的论著以及教科书的传播来获取，比如牛顿定律、西方经济学、儒家思想、唐诗宋词

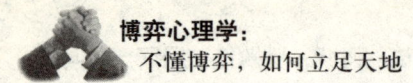
博弈心理学：
不懂博弈，如何立足天地

等，它们的世代传承让我们拥有了宝贵的文明财富。

而对于有别与传统科学文化知识的社会科学文化知识，比如为人处世的原则、人际交往的哲学、自我价值的追求及实现的方法等受到个体差异和主观能动影响的理论体系，则需要心理学这门学科来传播。

因此，可以这样说，心理学研究心理现象和心理规律，它是一种工具，亦是一种途径，帮助我们站在科学的角度，建立系统的理论体系，从而用之理性地解决实际问题。

在某个小村庄的村口，有一棵百年古树，茂密参天，一直得到村民们的重点保护。同时，村口又是村里的小孩儿最喜欢玩儿的地方，古树有的时候不免成为顽皮的孩子们的玩耍对象。

最近，孩子们流行在古树的树皮上刻字，被孩子们折磨后的残破树皮让村长头疼不已。可是，孩子的家长们越是制止孩子们破坏古树，孩子们越是依然如故。

这天，村长对孩子们说："小朋友们，今天咱们进行一场比赛，比赛在古树上刻字，字刻的最好的奖玩具手枪一支。"

第一天，孩子们非常高兴，纷纷拿出铅笔、小刀、直尺等工具，在树上写字画画，最后真的有一位小朋友真的获得村长奖励的玩具手枪。

第二天，村长又来到树前，对孩子们说："今天我们继续比赛，奖品为两颗弹珠。"孩子们见奖品变得这么没有吸引力，纷纷拉着小脸，没有人卖力刻字，树皮上的字寥寥无几。

第三天，村长又对孩子们说："今天的奖品为一块奶糖。"孩子们纷纷扔下手中的工具，齐声说："不刻了，不刻了，还不如去玩藏猫猫呢。"

就这样，村长成功地保护了古树免遭孩子们的破坏。

第七章 谈判博弈：胜败往往只在一瞬间

村长怎么知道用这么巧妙的方法阻止孩子们呢？难道是运气吗？难道是孩子们都听他的话吗？都不是。其实，村长运用了心理学中的阿伦森效应就轻松地解决了这个问题。阿伦森效应是指人们最喜欢那些对自己奖励、赞扬不断增加的人或物，最不喜欢那些显得不断减少的人或物。

也就是说，孩子们对于村长这种让奖品不断减少的行为，是非常不喜欢的。村长当然知道这样的道理，于是才能在正面劝说孩子们没有结果的情况下，利用"阿伦森效应"，采用"奖励递减法"，说服了孩子们不再对古树进行破坏，成功地达到了保护古树的目的。

如果不是心理学，我们怎么能总结出村长所使用的"阿伦森效应"和"奖励递减法"呢？如果总结不出这样的方法，村长巧妙的说服技巧将难以被读者所学习并使用，因为读者凭借自己的理论体系可能很难自己总结出这样的奥秘。

对于普通读者来说，他们几乎没有任何的心理学基础，对所谓的心理学原理更是一窍不通，更不要说将心理学原理运用在谈判之中了。可是，这难道就意味着借用心理学达到说服目的的大门向普通读者关闭了吗？答案当然是否定的，否则，本书的存在还有什么意义？那每一个人都只能坐在高校的教室里听课了。

当然，我们也承认，心理学的学习确实存在一个壁垒，要想越过这个壁垒去将心理学运用到说服中，也并不是一件容易的事。这个与每个人学习能力和自身潜质有关。

自我测试：我有学习心理学的潜质吗？

在与人交往的过程中，你扮演的倾听者的角色多于扮演倾诉者的角色吗？

比起技术类的工作，你是否更喜欢或者倾向于从事与人打交道更多的

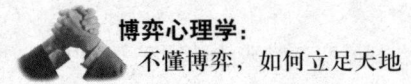
博弈心理学：
不懂博弈，如何立足天地

工作？

如果你的上司在某件事上冤枉了你，你会选择解释吗？

在同事中或在同学中，你总是不经意地就知道了别人的小秘密吗？

在你的家庭中，你和你的家庭成员每月都有两次以上的面对面交流吗？

《盗梦空间》和《哈利波特》这两部电影，你更喜欢看前者还是后者？

如果让你参观一个抽象派画家的画展，你也不会觉得太过于无聊吗？

在吃一顿自助餐之前，你会大概计算你所吃的菜品的价格和你所支付的价格吗？

旅行的目的地，你更倾向于选择自然景色而不是另外一个繁华的城市吗？

你曾经想过从事与心理学相关的职业吗？

利用自己的第一直觉回答上面的十个问题，并统计出自己回答"是的"的个数。

5个以下：你尚未做好学习心理学的准备；

5~7个：你有一定的潜质学习心理学；（通常大多数读者可能会处于这个范围）

8~9个：你有非常好的潜质学习心理学；

10个：你可能已经开始学习心理学或者你根本就是一个心理学相关职业的从事者。

在上述的自测中，只要你属于后三种情况，均可以参加心理学的学习。也就是说，即使是通过自学，也可以掌握心理学原理，从而成功学到说服这门技术。

当然，爱因斯坦说"成功来源于1%的天才和99%的勤奋"。无论对谁来说，学习的过程都是艰苦难熬的。我们既然已经下定决心要学习谈判当中的心理学，就唯有坚持不懈，并勤加练习，才能真正掌握心理学这门的知识。

第七章　谈判博弈：胜败往往只在一瞬间

第一句话，往往就决定了你的命运

对于销售人员来说，通常我们会说针对什么样的客户、卖什么样的产品。

我们常说："好的开头就是成功的一半。"千万不要让客户对我们产生警惕感，这样成功的一半就没有了，我们一张口不到三分钟的时间，第一句话就决定了我们的命运。什么样的产品卖给什么样的人群，所以销售员要对受众群体进行分析，抓住这些消费人群的弱点，比如有些受众比较贪便宜，而有些受众则比较喜欢高档或者是显得尊贵，甚至是给他带来方便。销售员在销售时，一定要用自己的优势直击对方的弱点，这样的成交概率就大。

一个出版社的发行人员向一家大型书店推销一种教学参考书。书店的业务经理听了推销员的介绍后，开口就要订2000套。但这个推销员并未因成交高兴得忘乎所以，他认为这本书今后销售的好坏会影响到这家出版公司以及他本人的声誉，于是，他向书店经理分析道："据了解，贵市有需要此书的学校为15所，每个学校需要此书的学生为70~80人，每期三个月的培训。因此，三个月内有1 200套就可以了。这个数量既能保证贵店供书，又可避免积压，影响资金周转。"经理听后，将信将疑，但三个月后，这种参考书果然销售一空。相对其他推销员只求书店多订书，而不管书店积压与否，这个发行靠诚信赢得了客户。

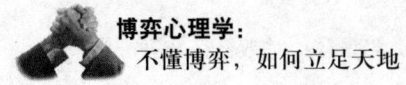
博弈心理学：
不懂博弈，如何立足天地

此后，这个推销员享受一项特殊的待遇，只要他认为好的书，尽管发货给这家书店，书店照单全收，并且及时结算，从不拖欠。而其他发行常常面对的不是退货，就是结款不及时。

练武的人都知道人体身上的所有穴位，以至于在关键的时候击中对方要害部位，达到一招制胜的目的。这种方法也适应于推销员的推销工作。

化妆品直销员王宏敲开了一位客户的门。当她说明来意以后，客户要关门，说："我从来不买上门推销的化妆品，你请回吧。"王宏一看这客户不好沟通，本来准备走，突然听见了从客厅传来的钢琴声，她急中生智，说："您女儿也在学钢琴呢，刚才那一段好像弹错了一点。"

客户一听，知道王宏懂钢琴，就问："你怎么知道她刚才弹错了？"

"我女儿也在学这一首曲子呢，我天天听，也就听出来了。现在的孩子，真是什么都要学，什么也都难学啊！"这一下子说出了那位客户的心声，马上对王宏说："是啊，我们挣几个钱也就是为孩子挣啊，说实话，你挣这点钱也不容易啊，还得看别人的脸色。"说到这里，自己突然觉得不好意思了。

"您进屋坐，我们慢慢聊，圆圆，泡杯茶……"
……

很明显，王宏是抓住了客户女儿这一"软肋"，从孩子入手，找到了和客户之间的共同话题，产生了共鸣。这样，说服客户购买也就变得更简单了。

现实销售中，很多销售员总是发出这样的疑问：现在的客户怎么了？越

第七章 谈判博弈：胜败往往只在一瞬间

来越难对付了，费尽口舌却是白费力，他们根本就无动于衷，甚至有些销售员会气急败坏，诋毁客户。

这里，首先要清楚一点，客户不是用来"对付"的，而是要诚心合作从而达到双赢的。销售员在从事销售行业前，首先就要摆正这一心态，不要认为销售就是简单的一个卖出产品，完成业务量的过程，以这样的心态进行销售工作，是无法搞清楚客户为什么对产品提不起兴趣，自己为什么卖不出产品的。

其实，客户购买产品，有时候不仅仅是为了产品本身带来的某种利益或好处，还有一些其他原因。这些原因是隐性的，需要销售员自己去挖掘，这并不是人们常常说的产品的卖点和买点，而是客户的"软肋"或者"破绽"，只要销售员找出这两点，销售也就更加快捷、简单了。有以下两种方法：

1. 避实就虚法

这一方法运用在客户对产品没有表现出很大的兴趣，即使销售员费尽口舌，客户仍然不为所动的情况下。此时，销售员应该避开销售这个敏感的话题，改而和客户聊聊其他事，比如一些家常，但这些话题必须是客户感兴趣的。

要想做到这些，就需要销售员掌握客户的一些信息。同时，还需要销售员掌握客户的心理状况。

另外，还有一种情况，那就是客户对产品感兴趣，对此，销售员也可以通过自己的专业知识来帮助客户完成购买，这也是一种避实就虚的方法。

2. 围魏救赵法

"围魏救赵"也是孙子兵法的一招。原指战国时齐军用围攻魏国的方法，迫使魏国撤回攻赵部队而使赵国得救。后指袭击敌人后方的据点以迫使进攻之敌撤退的战术。

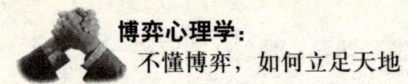
博弈心理学：
不懂博弈，如何立足天地

此招用在应对客户方面，是一种通过从客户身边的人身上下工夫，来影响客户的一种方法，这是一种关系营造法。也就是说，当我们在客户身上无法达到共同意见，从而影响到成交时，可以转移一下眼光，试着在客户的家人、朋友、同事身上花心思，通过营造与这些人的良好关系来影响客户，这种方式常常被使用在公关营销上。

通常情况下，人们对家人的重视程度是比较大的，家人是能影响客户的最重要的因素。比如，我们可以给客户的孩子送礼物，给客户的妻子送化妆品，给客户的父母送保健品等。当然，具体的能影响到客户的因素还是根据客户具体的情况而定的。

以上方法只是在日常工作当中总结的一些小方法，简单实用。但是，我们不能就把眼光停留在依靠这些方法上，希望以此来取得客户的信任从而取得不错的销售成绩，这是不现实的。销售员要始终记住，客户最关心的永远还是产品能给自己带来的利益和好处。

谈判中，要懂得一点点的得寸进尺

"登门槛效应"又称"得寸进尺效应"，是指一个人一旦接受了比较小的要求，为了保持前后态度的一致，或者保持认知上的协调，往往会不知不觉地接受他人后来提出的一点一点增大的要求。这是一个犹如登台阶一样的过程，要求必须一级一级地变大，才能让对方答应我们内心所想却让对方有

第七章　谈判博弈：胜败往往只在一瞬间

些为难的要求。

心理学家认为，登门槛效应之所以能够存在，是因为每个意志行动都有行动的最初目标。多数情况下，由于人的动机很复杂，因此人们总会面临各种不同目标的比较、权衡和选择，在条件相同的情况下，那些简单、容易的目标往往较容易被人接受。也就是说，当别人提出一个看起来有些"微不足道"的要求时，人们往往会出于"无大碍，近人情"的考虑，而不好意思断然拒绝。可是，一旦答应了这个"微不足道"的要求，就好比一只脚已经跨进了门槛里，陷入进退两难的境地。由于通常情况下，人们会有这种思想：一只脚都进去了，又何必在乎整个身子都进去呢？一旦人们跨进这种心理上的门槛，就不会轻易做出抽身后退的举动。再加上由于后来的、更高的要求同之前的小要求有了继承关系，而对之前的一系列小要求的接受使得人们已逐渐适应这种有承接关系的要求，从而使人们的心理失去了戒备，也就降低了出现心理对抗的可能。其不断接受、服从后，便会察觉不到他人逐渐提高的要求已经大大偏离了自己的初衷；另外，每一个人都希望给别人留下一个前后一致的好印象，不希望别人把自己看做"喜怒无常"的人，因而在接受了别人的第一个要求之后，再面对第二个更大的要求时，如果这种要求给自己造成的损失并不大，往往会有一种"反正都已经帮了，再帮一次又何妨"的心理，于是登门槛效应就发生作用了。

在谈判时，尤其是涉及价格问题等利益的时候，不妨先提对方一定能接受的条件，然后再逐渐加大条件，如此灵活地运用登门槛效应，往往会取得意想不到的效果。

我国某公司要从美国某厂订购一批机器设备。

我方代表问："机器单价是多少？"

美方代表说："450美元每台。"

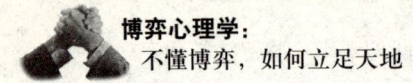

博弈心理学：
不懂博弈，如何立足天地

　　这个价格与国际市场上的价格基本吻合。但是我方代表为了能争取到更多的利益，开始了进一步的谈判。

　　我方代表说："贵方开出的价格非常客观，可是贵方也知道，由于这次交易数额庞大，而且还是跨国的，一旦机器在保质期内出现故障，不仅贵方派人维修非常麻烦，而且我们也会因停机时间长而蒙受不容忽视的损失，所以，希望贵方能够帮我们培训几位维修人员，当然，我方会支付一定的培训费用。"美方代表想了想，点头答应了。

　　我方代表接着说道："另外，我方还担心，一旦损耗部件出现问题，在国内不易找到同型号的，如果你们能够每台机器为我们配备一定量的备用配件，我想我们的合作会更加顺利和愉快。"美方代表思考了一下，觉得这样的要求也正常，实际上欧洲有许多公司都是这样做的，虽然己方公司暂时没有这样的先例，但考虑到此次交易的数量之大，也爽快地答应了下来。

　　"还有，由于我方虽然对这种机器有一定的了解，但并不专业，并不知道在运输途中应该怎样维护以及相关的注意事项，所以我方想委托贵方派人运输。我方愿意为每台机器支付10美元的运输费用。"我方代表继续说道。而美方代表认为我方的要求很合理，但是运输费用有些低了，仅仅是市场费用的60%，他说道："我们负责运输没问题，但是运输费用太低了。"我方代表立即说道："哦，是的，这低于市场价格，但那可是整整2000台机器，这样算来贵方的平均运输成本也是低于市场平均水平的。"美方代表考虑了一下，想到谈判都进行到这一步了，没必要为了这一点点利益毁了生意，于是也答应了下来。

　　就这样，我方代表一步一步地与对方进行着谈判，一步一步地为己方争取更多的利益。最后，对方连"包换日期延长为9个月，如果机器在包换期内出现质量问题，将由美方赔付我方全部损失"的条件也答

第七章 谈判博弈：胜败往往只在一瞬间

应了下来。而每台机器的综合采购费用比国际市场的最低价格还低了15美元。

在谈判中，我方代表利用登门槛效应，完全不被对方察觉地就为己方争取到了较大的利益。假如我方代表在谈判开始时就开门见山地说："你们必须保证低价运输、延长包换期、质量赔付等。"那么对方多半会一口拒绝，谈判也会就此破裂，我方也无法从谈判中取得如此多的利益。

在谈判中，开口提要求也是有学问的，要先小后大，先易后难，这样才能一步一步达到我们的目的，一点一点地争取到尽可能多的利益；相反，如果想一句话就提完要求，那必定会被拒绝。总的来说，谈判中，说话要懂得运用登门槛效应。

别让情绪，毁掉一场谈判

谈判中，对手经常会使用激将法来促使我们就范。比如故意质疑我们的实力来逼我们提高质量，或者故意透露竞争对手的价格来促使我方降价。如果我们不能对一些让我们愤怒的小事淡然处之，那么自己恐怕就会身处危险之中。

传说中的吸血蝙蝠，不过是一种不起眼的小动物。它生活在非洲草原上，靠吸取动物的血生存。人们之所以对吸血蝙蝠心怀恐惧，是因为

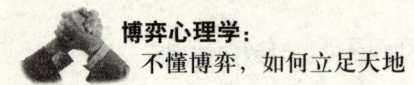
博弈心理学：
不懂博弈，如何立足天地

它虽然身体极小，却是野马的天敌。吸血蝙蝠在攻击野马时，首先附在马腿上，同时，用锋利的牙齿极敏捷地刺破野马的腿，然后用尖尖的嘴吸血。但是吸血蝙蝠所吸的血量，对于强健的野马来说是微不足道的。而导致野马死亡的原因，正是野马自己的愤怒。

被吸血蝙蝠叮咬的野马常常表现为暴怒、狂奔。然而，无论野马怎么蹦跳、狂奔、都无法驱逐吸血蝙蝠。他们可以从容地吸附在野马身上，悠然地吸血，直到吸饱才满意地飞走。而暴怒的野马越是奔跑，越是增加自己血液的流出，最后就在愤怒中无可奈何地死去。

野马为了甩掉附着在自己身上的吸血蝙蝠而暴怒、狂奔，最后送掉了自己的性命。所以，真正害死野马的，其实并不是小小的吸血蝙蝠，而是野马自己暴怒的习性。如果我们在谈判中也像野马一样，那么很可能在自己冲动的驱使下进入了对方的圈套。

情绪失控是谈判场上的一大错误，它会让我们说错话，轻则得罪人，重则完全毁坏自己的谈判。因此，谈判桌上一定要控制好自己的情绪。特别是在双方因为小问题而争吵，或对方态度不够和气时，更要拿捏好自己的情绪，以免因为激动而把话说得难听，或说得太绝。

很多谈判者不注意这一点，他们常常会为了一个小问题而在谈判场上大发脾气，或与对方陷入激烈的争论中。

一家制鞋厂最近要生产一批新鞋，所有原料都准备妥当了，就差胶水了。老板对胶水的要求很严格，既要黏性好，又要刺激性味道最小的。选来选去，终于找到了他满意的胶水。

他直接找到这家胶水的生产商进行谈判，对方知道来意后，有点骄

第七章 谈判博弈：胜败往往只在一瞬间

傲地说："我们的胶水是业界最好的，所以它的价格也不菲。"

尽管对方态度有点傲慢，但鞋厂老板还是很和气地说："早已耳闻，但是一分价钱一分货嘛。"

对方见状，便直接问鞋厂厂长："您想要买多少胶水？"

鞋厂厂长回应说："我们厂现在要生产一批好鞋，数量比较大，所以，对胶水的需求也大。我们买得多，不知道价格可不可以低一点。"

对方毫不让步地说："买再多也不能少。"

鞋厂厂长有点生气，但还是压抑住了脾气，说："一般购买数量多的话，都能适当调价的，您再考虑考虑。"

对方没好气地说："你以为我们的胶水是一般的廉价胶水啊，说降价就降价？"

这话让鞋厂厂长生气极了，他心想，不就是生产了一款好一点的胶水吗？就这么大架子，说话时处处不饶人，他很激动地拍了一下桌子说："我是诚心来跟你谈生意的，你摆什么臭架子？"

此话一出，对方顿时被怔住了，转而说："我哪里摆架子了，你这么大的不满情绪我们怎么谈？"

鞋厂厂长气还未消，见对方把问题都推到自己身上，更加气愤了，于是毅然决然地说："不要以为只有你们会生产胶水，市场上生产好胶水的厂家一抓一大把！"

对方也不饶人，暴跳如雷地说："那就不要买我们家的好了！"

"就你这样的态度，不买就不买！"鞋厂厂长回答说。

结果，本来很有希望一场谈判不了了之了。

看，这就是情绪失控的后果！它会让人顿时火冒三丈，话里带刺，失去应有的礼貌与风度。谈判桌上，很多谈判者也常常会这样，或图一时口快，

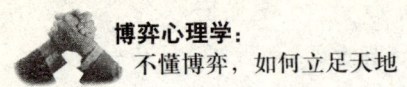

博弈心理学：
不懂博弈，如何立足天地

或为一解心中之气，结果直接放大或激化矛盾，最后直接导致谈判的失败。殊不知，因为别人的言辞而改变自己的说话方式和失去理智是非常愚蠢的。退一步海阔天空，宽容点，情绪就不会失控，谈判就不会被吵架或辩论取代，而自己也不会让谈判失败。

那么，怎样才能绕开情绪失控，避免自己陷入争吵或辩论中呢？以下为大家提几点意见。

1.谈判前做充分的准备，"自己要说什么"要心里有数。

虽然说计划赶不上变化，但是，没有计划，就只能任由变化牵着鼻子走。谈判中，为什么会情绪失控，说到底，还是因为没有准备好。没有充分的心理准备。一旦有什么东西惹怒了我们的心，就承受不了，就会失控。假如事先有个准备，能撑大心的容量，那么谈判场上对方怎么为难我们，乃至羞辱我们，你都能做到大方地、有礼貌地还击他。

因此，清楚"自己要说什么"至关重要。"自己要说什么"所关注的不仅是谈判的内容，还包括怎么和对方说，怎么说才言简意赅，怎么说才能用最简短、直白的话表达出最明确的意思，对方向我们提问时我们该怎么回答，对方设陷时我们该怎么守口如瓶……

2.适当自嘲，转移话题，及时缓解不良情绪。

当发现自己情绪失控时，要及时化解它。转移话题是比较好的方式。

在一次重要的谈判中，惠普公司的前任女掌门人奥菲利亚的衣服忽然掉了一粒扣子，顿时衣服裂开了，对方见状，忍不住笑了，奥菲利亚很尴尬，也很恼火，但她没有发火，反而开了个玩笑说："时代的跃变要求我们跑步前进，当我想解开衣服奔跑时，发现自己没穿运动短裤。好吧！让我们赶紧结束这个谈判，好让我回家换个短裤。"顿时，她的愤怒化为无形了，对方的尴尬也化为无形了，而谈判也圆满结束了。

3.平静下来,听听对方怎么说。

当谈判变成争论时,对方的情绪可能也变得比较激动了,这时候,不妨冷静下来,学会聆听,听听对方怎么说,理解对方发火的理由,也可以问问对方:"您先说说您的看法?"这样一来,对方能充分地感觉到我们的尊重,自然而然,争论也会被平息。

博弈不等于话多,适时的沉默更具说服力

在实际谈判中,有时候需要我们假装沉默,让对方摸不透我们心中所思所想。所谓"言多必失",真正卓越的谈判者要善于沉默,不管在什么谈判场合,说话都应该有的放矢,不该说的时候一句话也不要说。口齿伶俐,在谈判场合口若悬河、滔滔不绝,这是很多人所向往的场景,但如果自己在不适当的时机口无遮拦,说了错话,说漏了嘴,这也是难以弥补的过失。著名作家大仲马说过:"不管一个人说得多好,你要记住,当他说得太多的时候,终究会说出蠢话来。"确实,当你说得太多,那关于自己的一些信息就会源源不断地传递给对方,这样我们很容易就被对方看穿了,对此,我们要学会假意沉默,让对手猜不透我们的心理。

沉默是谈判口才的一种境界,是谈判桌上面对挫折处惊不变的镇定,也是一种无所畏惧的宁静和自信。沉默是可贵的,在谈判中,有时候沉默比所有的语言都更有力量。因为,要想赢得谈判对手的信任,就必须耐得住寂

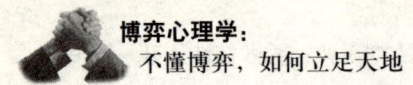
博弈心理学:
不懂博弈,如何立足天地

寞,学会在沉默中积蓄能力,在沉默中寻找时机。

新年的时候,柏莎收到了一份特殊的礼物——一只仙人球,是老朋友贝灵送给她的。贝灵说仙人球是一种奇特的植物,既能防电脑辐射,偶尔还能带给人惊喜。

对于仙人球这种普通的植物,柏莎并没有太在意,她将仙人球放在电脑旁,偶尔也观赏一番。不过这个小小的仙人球似乎不争气,柏莎刚开始还对它抱有希望,想着也许有一天能看到仙人球开花呢。可是两年过去了,仙人球还是一点动静都没有,它长得很慢。三年过去了,它仍然只有苹果大小,甚至还出现了未老先衰的征兆。渐渐地,柏莎对这个小小的仙人球彻底失望了。

有一天,柏莎买来一盆色彩鲜艳的植物,替换了不长进的仙人球,把它扔在阳台一个不起眼的角落里。转眼间,又是一年,柏莎几乎忘记了仙人球的存在。一个周末,她在阳台休息的时候,无意中看到阳台的角落里有一抹清纯的白色,走近一看居然是仙人球开出了一朵喇叭状的花朵,色泽洁白,形状高雅。她立即找来一个花盆,把仙人球放到自己的书桌上。面对这优雅的花朵,柏莎终于明白了贝灵所说的惊喜。整整四年,仙人球用默默无闻的四年换来绚丽的一刻。

仙人球沉默了四年,在漫长的时光里,它用沉默表明了自己姿态:沉默,并不代表永远的平凡。那句"不在沉默中爆发,就在沉默中灭亡"是仙人球最好的写照。在谈判桌上做一个懂得沉默的人,无论是何种境遇,都不要轻易放弃努力,只有耐得住沉默,才能享受到生命绽放的喜悦。学会在沉默中积累力量,总有一天,我们会扫去阴霾,用精彩的绽放赢得谈判对手的喝彩。

第七章　谈判博弈：胜败往往只在一瞬间

在谈判中，有时候我们可以用沉默来说服对方，而且这种说服往往比语言更有效。比如，当谈判双方都已经了解了彼此的需求，而买家也已经清楚了报价和价格结构，并且对产品表现出很大的兴趣。

最后，买家可能会故意压低价格，比如他会说："其实我们同目前的卖方合作得很愉快，但是我还是想跟你们交个朋友。这样吧，如果你们把价格降到每公斤15元，那么我们就要十吨你们的货。"

这时，我们千万不要被他的说法吓倒，如果他真的和现在的卖方合作愉快，也就没有必要坐下来跟我们谈判了。所以，我们应该平静地回答他说："对不起，我想你们还是出个更合适的价钱吧。"然后就把我们的嘴巴闭起来，保持沉默。

如果对方直接替我们抬价，那当然再好不过。不过，有经验的谈判者会努力让我们打破沉默，他会反问道："那么，我到底应该出多少才合适呢？"这样他就迫使我们说出具体的数字。

但是，如果我们现在开口就失去了沉默的力量，我们可以继续一言不发地看着对方，同时保持微笑，并点头鼓励对方说出一个他内心的数字。这个时候，买主很可能会对我们做出让步。

这就是我们在中场谈判中经常用到的谈判策略，用沉默的力量来摧毁对方的心理防线。我们在谈判中冷静地开出自己的价格，然后沉默，在强烈的心理压力之下，买主很可能会表示同意。所以，如果我们在没有弄清对方会不会接受我们的建议之前，就开口表态是很愚蠢的，这将会让我们丧失"沉默的力量"。

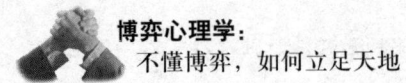
博弈心理学：
不懂博弈，如何立足天地

正面久攻不下，就要想办法"曲线救国"

"曲线救国"，指的就是采取直接的手段不能解决问题时，就只好采取间接的、效果慢一些的策略，借助其他力量，或者从侧面迂回牵制干扰，一点一点地争取胜利，有时候可能还要放弃一部分已经得到的东西，但大方向始终不变。生活中，有时候我们必须直来直去，然而也有时候直言不讳却不利于解决问题，我们还非得含蓄些、委婉些，采取"曲线救国"的策略，才能使表达效果更好。

在日常交谈中，经常会遇到一些不便说、不忍提或者场合不允许直说的话题，也会出现尴尬、僵持不下、难以取得进展的局面，这时候需要把"词锋"隐遁，把"棱角"磨圆，或者从另一个角度去思考，或者换个话题缓解一下紧张气氛，或者把注意力从尖锐矛盾上转移开来。这些方式能使困难的交往变得顺利起来，让对方处在较为舒坦的氛围中接受信息。

那么，"曲线救国"策略该如何应用到说服中呢？

1.换个角度，别有洞天

俗话说："别一条道跑到黑。"这就告诉我们，不能只从一个角度去认识事物，事物越复杂，越需要从不同角度看问题。说服者如果只知道仅仅围绕自己的观点、立场、成见展开辩论，一般很难奏效。因此，必须懂得从多种角度分析事物，一来能够保证看问题更全面，二来有利于把握他人的想法。

第七章 谈判博弈：胜败往往只在一瞬间

战国时，郑国弱小，秦晋两大国联军围郑，郑文公派烛之武和秦穆公谈判。烛之武见了秦穆公说："我虽为郑国大夫，却是为秦国利益而来。"秦穆公听后冷笑，不予相信。

接着，烛之武剖析："秦晋联合围郑，郑国已知必亡，然而郑在晋的东方，秦在晋的西面，两国相距千里，中间又隔晋国，如果郑国灭亡，秦能隔着吾国管辖郑国的领土吗？郑只会落于晋人之手！一旦郑国被晋所吞，晋国的力量便超过秦国，晋国强则秦国弱。替别人扩张势力的事情，恐怕不是智者所为。"

秦穆公听后连连点头称是，请烛之武坐下交谈。烛之武继续剖析道："如果蒙大王恩惠，郑得以继续存在，以后若秦在东面有事，郑国将作为'东道主'负责招待过路的秦国使者和军队，并提供军队补给。"秦穆公听后非常高兴，遂和烛之武签订盟约。

烛之武之所以最终能瓦解秦晋联军，是因为他利用了秦、晋两国势均力敌，互有威胁，且互相猜忌的局势。在劝说中，烛之武并没有直接劝说秦穆公与之立盟，而是换个角度进行说服。他先是假言郑已知自己要灭亡了，一个将要灭亡的国家已经不能构成什么威胁，使秦穆公放松警惕且造成错觉，以为烛之武真是"为秦国的利益而来"；然后逐层剖析秦晋联军对秦的利益影响，表面上是为秦国考虑，实则为郑国解燃眉之急。

换个角度说服他人，就是从侧面入手，在一些共同的立场上交流，自然而然地制造一种和谐的气氛，进而借机转入正题，展开劝导。

2. 换个话题，换个好心情

谈话中，对方不愿敞开心扉很可能是由于对话题不感兴趣。不论多么健谈的人，面对自己不关心的话题，一般也会默不作声。说服者想要打开他

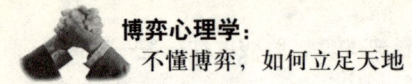

人的嘴巴,就要试着在谈话进展不下去的时候,寻找他人的兴趣点。无论谁都会有一些令其感兴趣的话题,可能是电影、汽车、股票、政治、八卦新闻等,只要把它们找出来,对方就会立刻改变沉默的态度。因此,与其耐着性子勉强聊不感兴趣的话题,不如快速转到令他人眼睛一亮的话题上。

如果明明感到话题无聊或者无法进展下去,那么就迅速转移话题。谈话并不是在比较谁的耐性强,而且在无聊的话题上不知疲倦地扯来扯去,是一种失利的表现。

若你遇到以下5种情况,就要毫不迟疑地转移话题:

(1)谈话中出现冷场;

(2)对方目光转移,不再和自己对视;

(3)对方不再点头表示认同;

(4)对方频繁地看手表;

(5)对方的身体不停地抖动或晃动。

3. 瞬间转移注意力

缺少变化的语言会使场面显得呆板而沉闷,而你所说的一切也将变得枯燥乏味和苍白无力,因此你也不会受到客户的青睐。如果你有很多建议,就应选择富于变化的语言来表述,因为变化能为你的发言增加情趣。

人们在一定的语意流中所能捕捉到的信息量是有限的,这就意味着,即使他人有时间听你讲话,他也不可能把你的话完全吸收。有研究表明,听众的持续注意力只有30秒。例如有人在注视一盏灯,不出30秒,他的注意力就会转移到其他地方。这时候,只有这盏灯闪烁、跳动或发出声音,才可能重新引起他的注意。但是在灯没有任何变化的情况下,它就无法继续吸引他人的关注。

这种规律被广泛运用于广播和电视广告当中,很多广告的播出时间会限制在30秒以内,这就是"瞬间注意力原理"的应用。

因此，说服者应该懂得让自己的语言富于变化，因为变化能够打破沉闷和呆板的印象，使发言增加情趣，更容易引起倾听者的注意。

4. 以退为进

"忍一时风平浪静，退一步海阔天空。"能屈能伸才是真正的君子气度与明智。用暂时的忍耐和表面的退让换来自己想要达到的结果，这就是以退为进的真谛。

在说服过程中，以退为进就是让说服对象感觉到我们是顺着他的要求、站在他的角度进行"妥协"，甚至觉得是他在说服我们。但实际上，我们的目标只有一个，就是双方达成一致。

在使用以退为进的说服方法时，需要掌握两项基本原则：一是全局可控原则。就是不要退到自己无法控制局面的程度，"退"只是形式上的，不是放弃自己的立场。二是真实坦率原则。表面上的退让不能转向背地里的攻击、陷害，说服者必须要以真诚的态度获取对方的信任，让对方放松警惕与防备，这样方可做到成功地说服。

采取"曲线救国"策略说服他人时，路径与目标看似相悖，但绕远有时候也是通往罗马的思维捷径。

给对手压力，迫使他主动"缴枪投降"

在有些谈判中，对方已经具有了成交的意向，但是这种意向不强。这时候要想促成谈判的成交，就要通过各种方法，给对方制造一种急切的紧迫

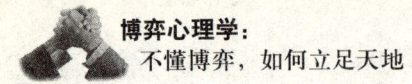
博弈心理学：
不懂博弈，如何立足天地

感，让他觉得如果现在不成交的话，将会吃大亏。而贪便宜是一些人的天性，这时候他们往往就会立即成交。

在海南三亚有一幢高档住宅小区里，整个小区只有10套房子，而且房价贵得惊人，虽然有很多人对它感兴趣，但是都被居高不下的价格给吓退了。

有一天，一位老板听说这里房子不错，于是就想去打听一下。来到售楼处时，对这幢住宅区赞叹不已。聪明的推销员马上迎上前去说："先生真是有眼光，这种海景房是我们公司所有整个小区最豪华的一种，它们是世界上最优秀的设计师设计的，我敢肯定地说，在整个三亚，你再也找不到这样将风景和设计完美结合的海景房了。住在里面绝对是无与伦比的至尊享受。您自己看看，我们小区像这样的房子一共也就只有10套而已，而且现在已经所剩不多了。我刚刚听到另一个工作人员在电话里跟别人约好了下午来看房子。我知道你们也很想买，所以我建议你们立刻作出决定，否则很可能就没有机会了。"

尽管这个老板觉得有些贵，但还是由于生怕失去了最后的机会，当时就交了十万元的定金。

这就是推销员给这个老板造成的一种紧迫感。

这里谈判者采用最后"机会"的说话技巧，让对方紧张起来，使他为了争取到最后的机会，主动地交下定金。这就是谈判中制造紧迫感的好处，可以让对方在压力之下马上做出成交的选择。

毋庸置疑，谈判中，最重要的莫过于取得谈判的主动权，而要做到这一点，就需要掌握对手的心理。通常情况下，人们在没有心理退路的情况下，都会退而求其次，接受他人的建议。古语云"不到黄河心不死"就是这个意

第七章 谈判博弈：胜败往往只在一瞬间

思。从这一点看，我们在与对手交涉的过程中，就可以虚张声势，到关键时刻再说话，巧用最后时机，适时把话说绝，让对手觉得无路可退，从而令其就范。

某个周五的下午，某部门主管代表公司与另外一公司同级领导在酒店里讨论合作事宜，但是讨论了很久，都未能得出一个好的解决方案，这样讨论下去，只会耗费更多的时间，眼看就要到下班的时间了，这位主管发话了："今天大家的兴致都特别高，非常好，不过仍然没有一个比较满意的方案，要不这样吧，反正今天是周末，我们加班讨论，如果还是决定不了，星期六再接着讨论。各位觉得如何？"全场哗然。过了一会儿，还没到晚上九点，新的方案就出来了。

为什么会出现这样的结果？因为忙碌了一周的他们都在期待着周末，没有谁希望自己的周末耗在无聊的办公室里，因此，他们只想快点结束会议。而在谈判过程中，就需要反过来处理，一定要撑到最后一秒钟。能在谈判中取胜的人往往就是能够顶住"最后期限"这个巨大压力的人。

两方交涉，当最后期限临近时，彼此在内心都会与自己进行一番较量，离最后期限越近，压力也就越大，一旦屈服于这种压力，就只能被别人牵着鼻子走。很多时候，在谈判结束前某一方会出现一些大的让步就是这个原因。

人们在"最后期限"的面前效率总是会更高，而制定"最后期限"就是一种损失约束手段，通过拟定最后期限让责任承担人了解到如果不按期完成将会有更大的损失，而人类趋利避害的本性就会驱使他们及时完成任务以保护自己。

无论是进行政治谈判、军事谈判还是商务谈判，都可以使用最后期限这

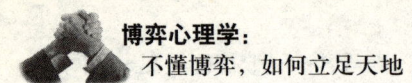
博弈心理学：
不懂博弈，如何立足天地

一"非常规做法"。之所以称其为"非常规做法"，是因为它是一种在特定的环境中不得已而为之的策略。最后时限不但针对对方，同时也给己方套上了枷锁，双方在其中都没有回旋的余地，所以很容易造成双方的尖锐对抗，导致谈判破裂。所以，我们在使用这一策略时，一定要在考虑成熟的情况下才能使用，否则后果不可收拾。最后期限若成功，能有效地逼迫对方让步，己方获取巨大的利益；但若使用失败，不仅与对方的关系恶化，己方还丧失了宝贵的谈判机会，因此最后通牒是一把双刃剑，使用时要慎之又慎。

1. 巧妙利用时限

在谈判过程中并不是可以随处使用"时限"，大部分都会在最后紧要关头巧妙利用，迫使对方作出让步。另外，当你提出了时限的要求时，就要坚持撑到最后一秒，切勿轻易改变决定。

2. 对方欺软怕硬，你应寸步不让

欺软怕硬是人们一种常见的心理，如果对方表现得十分强硬，我们也不必一味地退让，毫不犹豫展现出自己的原则，大多情况下到最后对方都会屈服我们。

言语句句相逼，不给对手任何喘息时机

所谓谈判，体现谈判者的谈判能力的就是其语言水平。然而，真正的谈判，往往不是在和平的语言环境下进行的，甚至可以说，双方为了掌握谈判主权，多半会唇枪舌剑。因此，出于利益的对立，当你提出自己的看法和观

第七章 谈判博弈：胜败往往只在一瞬间

点，对方多半会采取否决的态度。面对这种情况，聪明的谈判者往往会借力打力，调转势头，并乘胜追击，赢取胜利。

纵观古今中外，几乎所有的战争都是在两条战线上进行的，一条是血与火场上的拼杀；另一条则是心理战场上的较量。心理战可以说是"战争之外的抗争，战争之上的战争"。将错就错、让对方自乱阵脚这一攻心术在中国的战争中表现得尤为明显。任何一位谈判高明者都知道在对方心理弱势时乘胜追击，一举获得胜利。

在谈判的过程中，若能乘胜追击、句句紧逼，不仅不会给对方留下思考的时间和空间，而且能让对方难以发现我们论证过程中存在的缺陷和不足，从而无力驳倒我们的观点。更重要的是，句句紧逼能够削弱对方的自信心和底气，从而占据绝对优势，可以牵着对方的鼻子走，而不会被对方牵着鼻子走。总的来说，句句紧逼是一种非常有效的谈判手段，是取得谈判成功的一种好方法。

那么，怎样做到句句紧逼呢？抓住对方不经意间暴露的弱点，找到一个突破口，长驱直入，一句接着一句地说，让对方防不胜防，节节败退，不给对方一点儿回旋的余地。

北宋宋徽宗时期，高俅当权，天下民不聊生，许多忠良义士被逼落草。为了反抗这种腐朽的统治，惩治贪官污吏，这些勇士用各种手段召集天下英雄豪杰共创伟业。但是自古以来，"效忠朝廷，报效国家"的观念已经深入人心，因此尽管官府已经腐败不堪，但是大多数官场人士还是不愿意背弃它。

一个叫做沈青的人便是其中之一。他出身官宦世家，从小就被灌输这种思想，但他善于带兵打仗，在军事部署上几乎无人能及。正因为这样，山上的义士们想要他加盟，然而怎样说服这样一个思想固执的人

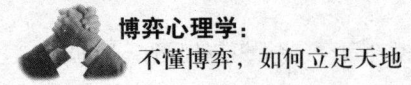

博弈心理学：
不懂博弈，如何立足天地

呢？众人都犯难了。

这时，山上的一位军师站出来说："各位放心，我有办法说服他。"于是，军师便去和沈青谈判。

军师开门见山地说："我们头领很看重将军的才华，希望你能跟我们上山，共创伟业！"

沈青当然义正词严地说："我乃忠良之士，怎么能背叛朝廷，与你们一同落草呢？你还是趁早打消这种念头吧！"

军师并没有放弃，他说："你这种'忠'完全是愚忠，你没有看到朝廷利用各种理由搜刮百姓吗？"

在谈到这个问题时，沈青的表情有了变化，甚至有些愤怒的神色。

军师知道这件事情引起了沈青的关注，于是利用这一点开始句句紧逼，他说："老百姓现在处在水深火热中，如果没有人站出来为他们做主，他们何以生活？你心何忍？"

沈青说："我可以上奏朝廷，请求皇上体察民情，为民做主。"

军师说："你的奏折能到达皇上手中吗？高俅会让你的奏折出现在皇上面前吗？就是送到了皇上手中，皇上会杀了高俅为民做主吗？恕我直言，沈将军的这种想法未免有些天真！如果这样做有用，天下百姓何至于此？"

沈青的脸色变得有些难看。

军师没有给他缓和的时间，继续说道："所以，只有我们团结起来，除掉高俅，才能真正地为民请命，还老百姓一份安定的生活。"

沈青没有说话。

军师进一步逼迫他："你知道你的父亲为什么突然离世吗？你知道你为什么一直都只能在这个小地方当一个七品官员吗？我想原因你知道，只是你不愿意承认罢了，这一切的一切都是高俅在背后操作。以你

第七章　谈判博弈：胜败往往只在一瞬间

现在的身份地位，父仇怎么报？如何去拯救百姓？难道愚忠比父仇、比天下百姓更重要？"

……

就这样，在军师的句句紧逼下，谈判以军师胜利告终。沈青跟随军师上了山。

事例中的军师之所以能获得谈判的胜利，原因就在于他善于抓住沈青的心理——关心百姓的疾苦，并针对这一点句句紧逼，每一句都比前一句逼得更紧，让沈清根本来不及想也根本想不到辩驳的理由。

虽然这个事例与商务谈判无关，但是在商务谈判中，我们同样可以使用这种策略。在谈判时，我们也应该向事例中的军师学习，用言语句句紧逼，给对方造成心理上的、思考时间上的压力，进而一举击败对方。

博弈有输赢，高手赢了也能让对方高兴

当谈判接近尾声时，我们一定要给对方他赢得了这场谈判的感觉。当然，并不是要一味地给对方好处，而是要让对方感觉自己赢得了这场谈判。这种感觉不是我们在签订协议的时候再给对方增加一些折扣，而是可以给对方一些赞赏和超出承诺的东西。我们可以提供一些附加的服务，可以提供一些本不需要提供的关心，这个时候我们会发现，这些服务会给我们带来意想不到的收获。

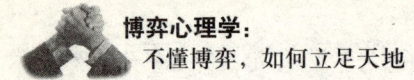

博弈心理学：
不懂博弈，如何立足天地

萧然是一家中国服装企业的公关员，公司派她去和一家美国的设计师进行谈判。在谈判前，萧然就了解到这个美国设计师杰克喜欢喝中国的碧螺春，喜欢中国的旗袍，于是自己特意换上了旗袍，带着碧螺春来谈判。谈判刚刚开始的时候，桌边就洋溢着浓厚的中国特色，穿着中国旗袍的中国女性，同时空气中散发着清香的碧螺春气息，设计师杰克完全沉浸在美妙之中，谈判的过程一直进行得很顺利。最后要确定服装的外观设计时，杰克主动要求要一份中国旗袍的样式图书，就愿意多送萧然几件自己设计的西方服装，萧然很爽快地就答应了。杰克看着眼前身着旗袍的中国美女，口中喝着喜欢的碧螺春，他觉得自己赢得了谈判，而且此次的谈判令他感到很满意。

人们在各类贸易、合作以及各种经济纠纷中进行谈判，其目的是改变相互间的关系并交换观点，以期达成协作的求同过程。谈判是一个较为复杂的过程，既要确定各自的权利与利益，又要考虑他方的实惠利益。因此，交易谈判犹如对弈，在方寸之间厮杀，但又要共同联手合作，这是既矛盾又统一的，既个体整体的利益所在。

真正的谈判高手总是会让对方感觉他赢得了谈判，而拙劣的谈判者只会让对方觉得他赔了。与拙劣的谈判者合作的客户，在第二天早晨他们醒来的时候会想："现在我知道那个搞销售的对我做了什么，别让我再碰上他。"而与谈判高手合作的客户会感觉他们同我们一起度过了一段非常愉快的谈判时光，他们迫不及待地想再次见到我们。

谈判的最理想状态就是让谈判双方感觉，自己都赢得了这场谈判，尤其是真正的赢家，更应该运用这一谈判策略使对方感觉他才是赢家。

比如，我们和一位客户进行谈判，在谈判进行的过程中，对方不知满

第七章 谈判博弈：胜败往往只在一瞬间

足，不断索取而毫不付出，那么这场谈判只能出现两种结果：其一是谈判将在无法继续的僵局中结束；后一种则是一方获利而另一方因损失过大被迫终止交易。

所以，想要使谈判获得理想的结果，就应该端正心态，抱着如果自己的利益得到了满足，也应该适当给对方一些让步的策略，而不是把对方看做是敌人一样。找到最好的方法去满足双方的需要，并且要解决双方责任和任务的分配，如成本、风险和利润的分配等问题，这才是谈判的最终目的。

胜达科技有限公司需要为公司的员工购置一批电脑，公司的采购经理联系了一家名为长远电脑有限公司的供应商，双方就此次交易进行了谈判。

胜达公司希望以市场最低团购价格购买这批电脑，同时对这个长期供货的客户也有所顾忌，担心影响到日后的合作关系。长远电脑公司当然期望利润的最大化，但又不愿失去一个可靠而又诚信的长期合作商。

谈判一开始，胜达公司就提出了最低团购价的要求，但是被长远电脑公司拒绝了。经过一段时间的协商，双方达成了基本一致的意见，胜达公司把报价提高，而长远公司在对方做出让步的基础上提供给胜达更多其他的服务。

其实，在谈判进行的过程中，长远公司并没有做出提供其他服务的让步，但是，即使长远公司做出这样的让步的话，也不会影响到公司的利润。所以，直到谈判进行到一个僵持阶段的时候，长远公司终于以关键时刻的一次让步赢得了这次谈判。

在一场谈判完成后，不仅双方各有所得，同时也不会影响到下一次的

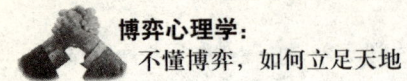
博弈心理学：
不懂博弈，如何立足天地

合作。当一方不得不在价格上做出让步时，而另外一方就可以在其他方面提供一些补偿。谈判双方立场不同，对利益的价值评估也不会完全相同，或许长远电脑公司的供货价格是本次谈判的最重要因素，而胜达公司更看重的是电脑的售后服务，通过谈判，双方的问题得到了解决，他们都认为自己赢了。

在谈判中，谈判双方对同一个问题的价值认定是不同的，也就是说，甲方想要达到的目的乙方实际上毫不在乎，而乙方想到获得的东西甲方却感觉没有任何意义。

所以，在谈判过程中，不仅需要考虑己方需要的东西，还应该考虑对方需要的东西。如果对方需要的东西在己方看来是丝毫不会影响到自己任何利益的东西，那么，何不找个适当的机会，以适当的方式"送给"对方呢？让他感觉他赢了谈判，这对己方是大有好处的。只有你满足对方的基本需求的时候，对方才会给你相应的回报。

聪明的谈判者不会只顾及自己的利益和感受，而是从对方的预期出发，尽量让对方的心理得到满足，给对方一种自己赢得了整场谈判的感觉。

第八章　心理博弈：
控制了对方内心，他将唯你是从

第八章　心理博弈：控制了对方内心，他将唯你是从

说服的重点，是要触动对方的内心

在人类漫长的认知史中，当人类意识到自己的心理活动之时，便认识到了人性的弱点，对于这些弱点的发现，在各个不同文明的历史文献上都有迹可循。随着现代心理学的发展，人类对于人心的弱点有了更深的认识，我们开始发现这些与生俱来的心理弱点在我们的生活中比比皆是。

比如我们最常遇到的从众现象：用大众语言来说，就是指"跟随大流"，比如当一个人在人群中时，会不自觉地做出和大多数人一样的事。用学术的口吻来说，就是在某个特定情境下，对占优势的行为方式的接受。越是对不熟悉的环境，或越是临时状况，越容易产生从众现象。

又比如说著名的光环效应：指在人际交往的过程中形成的一种超越事实本身的社会印象，就像日月的光辉，在云雾的笼罩下扩大到四周，形成一种光环的现象。比如一个人从小受到老师、家长的表扬，经常被当做其他小孩学习的榜样，那么别人在评价他的时候，就会被他头顶的光环所影响，做出夸大事实的评价。

……

类似的心理学现象不胜枚举，他们赤裸裸地表现出了人类天生的心理

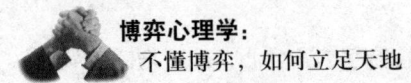

博弈心理学：
不懂博弈，如何立足天地

弱点。但是这样的心理弱点并不可怕，因为它们都可以被内因和外因所改变的。如果我们意识到自己的心理弱点，便可以给自己心理暗示提醒自己注意甚至改正；如果我们意识到了别人的心理弱点，便可以抓住这些弱点对别人进行有目的的引导。

从善意的角度来看，我们可以帮助被这些心理学现象迷惑的人走出困境，当然，矫正这样的心理弱点并非易事，这需要系统的心理学知识和强大的自控能力。

所以掌握这些人心的弱点，最大的作用是帮助我们完成说服，即抓住别人的心理弱点进行目的性与方向性的引导。当别人在不知不觉的情况下被我们"牵着鼻子走"的时候，我们便能轻易地完成对他的说服行为，甚至可以达到说服心理学中的第三重境界，即让他心甘情愿地为我们服务，这就是是为什么说"说服人的核心是抓住人心的弱点"。

三国时期著名的历史人物、曹操手下的首席谋士荀彧，被世人称为"王佐之才"。曹操在巨野大败吕布后，在徐州牧陶谦已死的情况下，欲乘胜追击夺取徐州而后消灭吕布。

荀彧却对曹操谏言说，"昔日汉高祖刘邦能保全关中、河内之地，全在于根基牢固，此为治理天下之本。现在将军您若进攻徐州，如果带大量士兵出征，那么守卫巨野城的士兵将所剩无几，可能会被吕布乘虚而入；如果带少量士兵出征，将没有胜算的把握。现在正是田间小麦成熟之际，将军不如收割熟麦，储存粮食以积蓄实力"。

曹操采纳了荀彧的建议，屯兵蓄粮，不久后再次大败吕布，并如愿夺取了徐州。

第八章　心理博弈：控制了对方内心，他将唯你是从

有"乱世之奸雄"之称的曹操，经常因为疑心杀掉自己手下的将领，虽然喜欢说自己爱听谏言，但却是出了名的我行我素。这样一个刚愎自用的人，为什么会对荀彧言听计从呢？这就是因为荀彧抓住了曹操占有欲强、患得患失的心理弱点：与出征战胜吕布相比，曹操更不愿意轻易舍弃已攻打下来的巨野。

于是荀彧先抬出了刘高祖做喻，满足曹操的虚荣心，这就利用了光环效应，让曹操觉得自己也跟刘高祖一样，就会认真听荀彧接下来的意见。

接着荀彧才摆事实讲道理，把两种利弊都详细地剖析给了曹操听，这是说服心理学常见技巧中的选择题效应。把复杂的问题变成了简单的选择题，让曹操一方面能够感受到控制者的力量，一方面又有了方案可以操作，于是荀彧最终成功地说服了曹操，坚固了自己在曹操身边的地位。

看到这里也许有人会问，我又不是心理学专家，我也不是荀彧，我应该怎样直击别人的心理弱点呢？其实心理学的学习是一个非常轻松的过程，我们的身边随时都有各种心理学现象在发生，只要注意留心，也能够成为一个了不起的心理学专家。

在这里简单地为大家讲述几点容易操作的切入点，这是学习说服心理学的基本功，不需要掌握复杂的原理，只是帮助我们提高捕捉别人心理的能力，让我们就算不懂心理学，也能快速直击别人的心理弱点。

（1）善于捕捉对方语言以外的讯息。

（2）留心观察，从对方的肢体语言中寻找对方真正关心的问题。

（3）引导对方敞开心扉说出自己的难处或心事。

（4）用温和、善解人意的语气，耐心倾听对方的自我表达。

（5）用对方的习惯与性格来思考问题。

（6）即换位思考，使自己进入对方的角色与位置，假设对方可能的

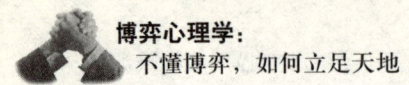

博弈心理学：
不懂博弈，如何立足天地

想法。

（7）使对方相信他做出的决定是他自己思考的结论。

（8）适当掩饰说服对方的目的性，避免给对方被强迫的感觉。

（9）在对法做出所希望的决定后，给予其适当的鼓励。

（10）坚定对方做出此决定的信心，避免对方疑惑甚至后悔。

成为心理学家，你能卖出任何东西

一个销售明星每天要说多少话呢？听到这个问题，我们的第一反应是什么？我们的答案又是什么？先不要急着回答，让我们一起来看下面的故事。

在现代营销界，有一位享誉全球的营销大师。他在他15年的汽车推销的职业生涯中，平均每天成功销售6辆、总共销售了13001辆汽车，他连续12年获得世界吉尼斯纪录大全"世界销售第一"的荣誉，他获得众多世界500强企业的盛情邀请，传授销售经验——通用汽车、福特汽车、IBM、惠普等、卡夫、玫琳凯商业巨头都是他曾经演讲的对象。他就是美国销售传奇、世界上最伟大的推销员——乔·吉拉德。

乔·吉拉德出生在美国大萧条的年代，他的父亲是西西里移民，

第八章　心理博弈：控制了对方内心，他将唯你是从

总是带着全家四处奔波。迫于生计，乔·吉拉德9岁就开始做报童、擦皮鞋，16岁进入工厂成为了一名锅炉工，窘迫的处境使他不仅遭受到了小伙伴的嘲笑、邻里的歧视，甚至连他的父亲都时常对他辱骂。可是，乔·吉拉德并没有被这些困难所打倒，在母亲关爱下，他坚持一边打零工一边读书，终于完成了高中学业。

35岁前，他做过40多种工作，却仍旧一事无成，同时还患有严重的气喘和口吃，甚至当时他已负债高达6万美元。于是，他又选择了下一份工作——汽车推销员，他的命运从此而改变，至今都是销售界无法超越的巅峰。

乔·吉拉德的销售秘诀是什么呢？他自己总结了7条，分别是：

（1）不得罪每一个顾客；

（2）向每一个人推销；

（3）更多地了解顾客；

（4）让顾客帮我寻找顾客；

（5）让产品吸引顾客；

（6）诚实；

（7）真正的销售始于售后。

正是凭着这7条金科玉律，乔·吉拉德才成为了一名伟大的销售明星，成为了无数销售人员心目中的动力与榜样。

再回到我们在开头提出的那个问题，一个销售明星究竟每天要说多少话呢？相信看了乔·吉拉德的故事，我们可以发现这个问题的真实含义：乔·吉拉德销售效率有多高就说了多少话。这便是这个问题的正确答案。

销售是什么？通俗来说，销售就是将自己的产品成功卖给顾客。我们仔细观察乔·吉拉德的销售秘诀，不难发现其中的共同点：所有的销售秘诀都

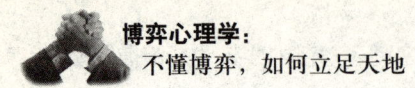

博弈心理学：
不懂博弈，如何立足天地

需要一个载体来完成，那个载体便是语言——包括对话语言和肢体语言。无论销售人员选择怎样的销售方式，都只有依靠语言来将他所选择的销售方式实现。

销售的过程，是销售人员通过自己的语言劝说顾客购买自己商品的过程，实际上，这是一个典型的说服过程。从说服心理学的角度出发，我们可以重新给销售下一个定义：销售就是销售人员说服顾客的过程。

比如，保险推销员的职责是，说服投保人员购买他所出售的保险产品；化妆品推销员的职责是，说服爱美的女性使用他所代理销售的化妆品；甚至作家也是推销员，他说服读者购买他所写的书籍——销售在我们的生活中无处不在，因此，说服也在我们的生活中无处不在。

小李是某个游戏开发公司的销售人员，他们的职责便是将公司研发出的游戏出售给网络平台公司，当游戏在网络平台上成功运营后，公司便可以获得价值回报。

周一，小李去拜访一个大型的网络平台商，在讲解了他所推销的这款游戏的卖点之后，对方表示对这个游戏很有兴趣，双方可以就此销售合作进行深入谈判，但游戏运营的收入双方要以7∶3分成，对方拿7，小李的公司只能拿3。听到这样的合作条件，小李非常不满意，立刻回绝了对方继续谈判的要求，这份销售订单也只能就此搁浅。

小李回来后向他的主管回报了此事，主管于是派另一个销售人员小罗再去拜访对方，并在小罗去之前在小罗的耳边说了几句悄悄话。

周二，小罗去对方公司说明来意之后，对方仍旧坚持7∶3分成的合作条件。小罗说，要我们答应这个条件也没有问题，我们也有一个条件：贵公司需在网络平台上免费提供我们一个宣传这款游戏的专区，这不仅能为我们公司树立品牌形象，还能加速这款游戏的人气提升。

第八章　心理博弈：控制了对方内心，他将唯你是从

对方思考了几分钟，便爽快地答应了小罗的要求。双方立即签署了销售合同，小罗的公司成功地达成了这笔交易。

这个案例成功的关键在于，主管在小罗耳边的那几句悄悄话——当不能争取价格上的好处时，争取其它的有利条件，最终的目的必须是实现销售。心理学中的替代效应可以很好地解释了这种情况，即用自己可以实现的目标达成那些不能实现的目标。小罗就是通过了替代效应在营销中的运用，成功地说服了对方。

那么，说服在营销中的运用，具体包含哪些内容呢？另一个美国营销大师、有"整合营销传播之父"之称的唐·舒尔茨为我们总结了4Rs营销理论，可以让我们直观地看到说服心理学在营销中的运用。

1. Relevance：关联，与顾客建立关联

在与顾客建立关联的过程中，首先需要说服顾客敞开心扉，愿意倾诉与倾听，这样便使销售有了良好的信任基础。

2. Reaction：反应，提高市场反应速度

市场反应指销售人员从顾客的角度出发，及时了解顾客的需求、希望金额渴望，并及时答复和迅速作出反应。可是，顾客的要求不会总是合理的，甚至会损害到销售人员、销售公司的利益，因此在这个过程中，销售人员需要说服顾客尽量减少他们的要求，尽量合理化顾客的要求。

3. Relationship：关系，与顾客建立长期而稳固的关系

这个不难理解，潜移默化地进入顾客的关系网，同样需要说服的技巧向顾客表明自己的真诚，掩饰自己的目的性。

4. Return：回报，回报是营销的源泉

对于销售人员来讲，最好的回报就是顾客不断地购买他的产品。因此，说服一名顾客通过类似发展身边的人使其也成为销售人员另外的顾客，是维

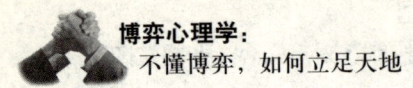
博弈心理学：
不懂博弈，如何立足天地

持销售持续性的最佳途径。只有这样，营销才有源源不断的利益可言。

看懂了表情，你就看透了他的心灵

面部可以做出各式各样的细微表情，微妙又复杂。但也正因为如此，它能更准确地传达内心的信息，反映真实的情感。如果我们能迅速捕捉到，在对方没开口之前就会得到一些有用信息，这对于如何说服一个人来说是至关重要的。

在生活中，每个人都会有"微表情"，它只能持续不到一秒钟的时间，是一种不受控制的、下意识的动作。但这种一闪而过的表情，是最真实的。

邓超家里要盖房子，为了让新家更宽敞，他想稍微扩大一下自己的空间。邻居一看他占了公共部分，自然不干，还告诉他："你要是敢占地方，我就去告你，你看着办。"

看到邻居这么强势，邓超一时很苦闷。他不敢明目张胆地跟邻居作对，但也实在想让新家宽敞一些。

有人和邓超说："你可以去请杜老大帮忙，他在我们这里非常横，大家都怕他。请他来助阵，谁也不敢再说什么了。"

邓超一听，觉得是个好办法，于是赶紧拿钱去超市买了很多礼物。

"老大，我想请你帮个忙，"邓超把礼物堆在杜老大面前，"你帮我吓唬吓唬邻居吧，他阻止我盖房子，真是太可气了。"

第八章 心理博弈：控制了对方内心，他将唯你是从

杜老大是个好吃懒做的人，一看邓超带来的礼物，两眼直放光。

"行，行，没问题，不就是吓唬人嘛，我最会做了。"杜老大收下了礼物，"明天中午我就去给你出气，到时候等着我就行了。"

邓超一听有戏，赶紧表达谢意，高兴地回家了。

一到家他就对邻居放出狠话，说明天中午要他好看。

结果，第二天中午，邓超跟邻居吵翻了天，杜老大也没来。邓超不占理，被邻居骂得非常难听，还差点动手揍他。幸好有人拦住了邻居，邓超才没挨揍。

后来他才知道，杜老大哪里是什么黑老大，根本就是混吃混喝的小混混。邓超仔细回想，杜老大当时表情淡定而窃喜，一副云淡风轻的样子，他本来就没打算帮忙。是他自己笨，没有及时察觉，赔了夫人又折兵，只能自认倒霉。

如果邓超能及时捕获杜老大脸上的表情，他就不会吃亏上当。杜老大当时一闪而过的窃喜表情说明他在打坏主意，这是很真实的心理写照。

有人说过："面部表情是多少世纪培养成功的'语言'，是比语言复杂千百倍的'语言'"，如果我们能读懂他人的面部表情，就能明白对方的内心思想。面部表情折射了人物的心理，这是不争的事实，只有学会察言观色，才能及时识别，才能更好地窥探人心。

事实上，那些心细的人，在跟别人交谈时，通过观察就能确定对方是否喜欢跟自己交谈，能否给出满意的答案。神色、表情都是很好的判断依据。

有些人，虽然才华横溢，却总是不得志，很大一部分原因就是识人不明，看不懂对方的真实意图，自然也难以迎合别人，甚至树了敌还不知道。学会看透别人的内心，才能保护自己，才能得到他人的真正认可。

交际是扩大自己关系网的必要手段，在这个过程中，必须练就火眼金

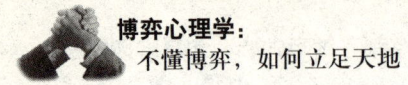
博弈心理学：
不懂博弈，如何立足天地

睛，善于观察，不错过对方任何一个表情信号，及时发现有价值的信息，为做好交际打下良好的基础。只有这样，才能在交际中实现自己的目标，才能拥有更美好的未来。

有人说"眼睛是心灵的窗户"，那么我们也可以说"表情是心灵的镜子"，我们要做的是，通过"镜子"反射的信息，看透对方最真实、最有价值的信息。

通常，人在惬意、精神比较愉悦的时候，脸部表情是非常放松的，看起来很生动。因此，我们可以通过这些来判断对方心情如何。嘴角轻扬、嘴巴微张、眉梢带着喜悦，等等，这些表情都能说明对方的心情很愉悦。

当一个人悲伤郁闷的时候，脸色通常会黯然，眼睛会失神无光。当我们遇到不高兴的事，心情悲苦沉闷，就会不自觉地凝眉。脸色由于大脑分泌的悲情因子而变得黯然，没有光泽，眼神也不再熠熠生辉。如果我们与人交谈时，发现对方表情呈现这样的状态，那就要懂得适可而止啦。

当一个人脸上的表情夸张而僵硬时，则证明他不是真的高兴或悲伤。真正的开心或悲伤是掩藏不住的，就算一个人伪装得再好，他的表情也会暴露。如果一个人不是真的快乐或悲伤，那么他会下意识地去隐藏真实的情绪。这时他们脸上的表情会表现得很夸张，大笑、大哭或表情僵硬。而且，这种夸张的表情会持续得比较短暂，时间一长，眼里肯定会透露出疲惫或黯然。

除此之外，还有一些具体的表情符号，我们也要懂得。在交谈时，如果对方的嘴角下垂、眼神暗淡，则表示他感觉不自在，很尴尬。

如果对方嘴巴抿紧、鼻孔向外翻，则表示这个人很生气，这时候就要赶紧远离或及时调整紧张的气氛，万不可火上浇油。

在交际中，我们还要善于区分别人的笑容。有的笑容是真心的，有的则不是。当一个人发自内心地笑了，眼角会有轻微的皱纹，伪装出来的笑容通

第八章　心理博弈：控制了对方内心，他将唯你是从

常则没有。

当别人的瞳孔忽然放大了，激动、兴奋、恐惧等都有可能是其情绪变化的原因；当别人开口说话后，立即抿嘴，则表示他对自己的话很不自信，甚至怀疑自己；如果对方脸上惊讶的表情持续了几秒，或眉毛上扬，则表示他不是真的吃惊。

还有一些人脸上几乎是没有表情的，很难捕捉到他们的表情变化。这类人往往都是社交高手，心理素质非常强大，能做到喜怒不形于色。在跟他们交往时，说话做事更要小心谨慎。他们不但善于伪装自己的情绪，还是洞察他人表情的高手。

其实，没表情也是一种表情，如果我们深谙洞察之道，还是能看清对方内心，看破对方伪装的。

在与人交往时，如果我们不懂他人的表情，就容易误解对方的真实意图，形成错误判断，难免会感觉掣肘。如果我们真正洞察了他人的表情信息，就能得到更多有价值的东西，如此才能收获更多，才能成为拥有火眼金睛的强人。

紧盯对方双眼，眼神永远不会说谎

在与人聊天，说服他人的过程中，其中的内容真真假假、虚虚实实需要我们去作出客观判断。只有看透对方的真实意图，才能更容易地说服他人。"眼睛是心灵的窗户"，它通向内心的真实世界，可以带给我们各种信息。

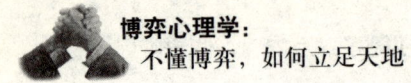

博弈心理学：
不懂博弈，如何立足天地

如果善于观察人的眼神，就等于学会了识人。

生活中，我们可以先通过眼神来观察别人，洞悉了对方的真实的内心世界后，再选择合适的方式说服他。

李琴是位德高望重的老师，学识渊博，脾气也好，但就是不会看人。尤其在社交场合，显得被动极了。

她老公常常提醒她，要看人说话，不能傻老实，得罪了人还不知道。

"可是我就是不会看人，我也不知道对方所说的话是真是假。"显然李琴在这方面反应比较迟钝。

"看人说的是不是实话，要看他的眼神，我告诉过你多少次了！"老公真拿她没办法。

周末，有位女学生来拜访她，女学生非常会来事，几句话就说得李琴高兴不已。

"你真懂事，你爸妈把你教育得真好。"李琴拿出西瓜来招待她。

"哪里啊。"女同学眼睛滴溜溜地转，"我能碰见你这么好的老师才是运气好，德高望重，又和蔼可亲。"

"你真会说话，我真是越来越喜欢你了。"

"老师，我的考试成绩不太理想，你能不能不要让我挂科？"原来这才是女学生来拜访的真实意图。

"这个不行，这是学校的规定，我不能违背。不过我这么喜欢你，可以给你补习功课。"李琴没有注意到对方忽然暗淡的眼神。

"嗯，好，谢谢老师，我先告辞了。"女学生准备离开。

"好，欢迎再来。"

女学生走后，李琴的老公出来说："这个女孩子太刁钻了，以后别

第八章 心理博弈：控制了对方内心，他将唯你是从

让她来了。"

"你怎么知道？"李琴听老公这么说非常不高兴。

"她的眼神闪烁不定，时而暗淡，时而闪烁，看起来很狡黠。"李琴的老公一直在观察这个女学生。

李琴半信半疑，果然，没过几天，她就从其他老师那里听到女学生到处在说她坏话，说她最喜欢别人恭维，是个没主见的老师。这件事把李琴气得半死。

生活中有很多像李琴这样的人，在跟人交往时，难分真假，不懂识人，经常陷入被动。

我们内心深处的想法都能通过眼神体现出来。古代就有人说过，心内中正的人，眼神就纯正；心术不正的人，眼神就透露着邪恶。因此，读懂他人的眼神就相当于看透了对方的内心世界。

很多事实都证明，观察别人的眼睛，是了解他人的最好方法。很多交际高手，往往透过一个眼神就能洞察别人的心思，这让他们在交际中一直处于有利地位。除了眼神可以流露真情之外，一些小动作也是不能忽略的。眨眼、上扬、下垂、挤眼睛等这些小细节都是不容忽视的，结合当时的情境，仔细观察，我们会更了解他人的想法和意图。

眼神的力量的确是巨大的。有些人，当别人看到他严厉的眼神时，就不敢接近他，更不敢说重话。这些都能证明眼神的力量是巨大的，蕴藏着许多心思和想法。

总之，一个人的性格和心事都能从对方的眼神里看出来，他们的喜怒哀乐等都能通过眼神表达出来。如果自己不会捕捉，那只能证明我们不懂得识人，不懂得成熟的交际。

眨眼是我们正常的生理需求，眨眼可以让眼部保持湿润。当一个人焦

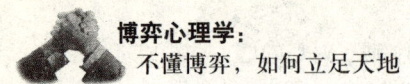
博弈心理学:
不懂博弈, 如何立足天地

虑、惶恐, 眼神飘忽不定时, 证明他内心非常不平静, 往往就会通过高频率的眨眼来缓解。如果在交际中看到这样的人, 最好还是远离为妙, 也不要深信他的话。

平时在和他人谈话的时候, 如果对方的眼神灰暗不明, 毫无光泽, 这时就要懂得适可而止了。因为这表明, 对方现在对我们说的话不感兴趣, 如果还是坚持说下去, 只能引起别人的反感。

相反, 如果对方的眼神豁然变得明亮, 这就证明他非常想听我们说话, 或者我们的话说出了他的心声。这时, 应该乘胜追击, 好好表现, 如此更容易赢得对方的好感。

马丽是个大龄剩女, 相过很多次亲了, 但都没有成功, 很不如意。但很多的相亲经历也使她练就了一双火眼金睛。

周末, 妈妈又给她安排了一场相亲, 对方条件非常好, 她心里觉得自己肯定没什么希望。

在交谈中, 她表现得非常自如, 一点也不拘谨。没过一会儿, 马丽就发现相亲对象眼神忽然放起光来, 非常吸引人。于是她知道了, 对方对她也很有好感。之后, 她继续好好表现, 最后成功征服了对方, 终于告别了单身贵族的行列。

眼神里蕴藏着无数玄机, 只要你懂得捕捉, 就能窥探到他人的真实想法, 就能更好地主宰对方的思想, 占据有利的位置。

在交际中, 我们要少做挤眼的动作, 这不仅容易产生暗示, 还非常不礼貌、不友好。通常用眼神暗示别人的人, 已经和对方达成了共识, 在别人看来是一伙儿的。看到的人会感觉自己是被疏远和孤立的。交际时, 最好收起这样的行为, 避免为自己树敌。

第八章　心理博弈：控制了对方内心，他将唯你是从

同时，当我们看到这种现象后，心里要有数，不要再反驳对方的意见，最好的方式就是沉默、不理会，保全自己。

谈话时不喜欢看着对方或者直接把眼睛闭起来的人，往往都心高气傲，眼高于顶，甚至有些目中无人。跟这样的人交往时，要小心谨慎，他们往往心眼小、报复心重，不必为了小事得罪他们。

还有，在交际中，如果对方的眼神透露出安静，则表示他心中有数，甚至已经成竹在胸；如果眼神散乱，没有焦距，则说明对方内心焦急，毫无主意；如果对方的眼神比较阴沉，说明他心中有诡计，交往时要万分小心；如果对方眼神下垂，则表示他不感兴趣，要赶紧转换新话题。

在跟人交往时，目视对方是种礼貌，同时也是我们获取对方内心信息的重要手段。平时我们要培养观察他人眼神的意识，学会通过眼神识人的本领。

人的肢体，最能表露他的心声

人不经意做出的肢体动作反映出了当时的心理活动，心理产生变化时，通常都会通过肢体语言来表达。虽然我们无法看透对方的大脑，但通过肢体语言，也能了解对方的内心想法。

他人的语言也许会欺骗我们，但肢体动作却很真实，如果我们能捕获身体上的密码，就能更准确地认识他人，更容易地说服他人。

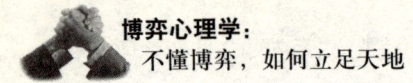

博弈心理学：
不懂博弈，如何立足天地

丁磊是家上市公司的面试官，他在这个岗位上已经工作了好多年，在识人方面可谓非常有经验。

"我通过对方不经意的肢体动作，就能清楚他们的为人。"丁磊跟朋友说得非常自信。

据丁磊回忆，一个准备来面试的小伙子本来准备得非常充足，但因为第二天下雨了，路上堵车严重，小伙子来到公司之后，浑身都湿透了，显得狼狈不堪。之前记住的面试知识，瞬间一扫而空，大脑一片空白。

小伙子是当天第一个面试者，丁磊坐定之后，小伙子几乎不敢直视他，还一个劲地用手摸鼻子，几乎停不下来。

丁磊一看就知道他非常紧张："你一直摸鼻子，是不舒服吗？"

"我……我没有。"小伙子语无伦次，想停止自己下意识的动作却无法控制。

其他的面试人员有些不耐烦，之后丁磊就问了几个无关痛痒的问题。

"今天的面试就这样吧，回家等着我们的复试通知。"丁磊轻描淡写地说，其实就是在好意敷衍。

小伙子沮丧地出去了，他自己也知道没有希望了。

"就这样把人给拒绝了，会不会太武断？"朋友有些难以理解。

"很多人都这样问，其实不会的。在我们的位置上待久了，完全可以从对方的肢体语言中看出很多信息。他一直摸鼻子，是非常不自信的行为，这样的人，大多数的公司都不喜欢。"

对于丁磊说的这些，朋友仔细想想，觉得确实是这么回事。

丁磊观察人的经验非常丰富，从面试者的肢体动作就看透了对方，实在是让人佩服。小伙子也很值得同情，因为肢体动作透露了自己的弱点而失去

第八章 心理博弈：控制了对方内心，他将唯你是从

了获得工作的好机会。由此可见，一个人的肢体动作中真的包含了非常丰富的信息。

肢体动作包含了丰富的语言，它包括姿态、手势、面部表情等，是公认的体现真实内心世界的语言，在社交中读懂肢体语言是很有必要的。

在交际中，不管出于什么目的，很多人都会给自己戴上一张面具，有时是出于欺骗，有时是出于防卫，如果我们只被对方的表象所迷惑，就难以摸准其内心，看透其性格，不利于跟对方进行深层次交流。

对于一些社交高手，在交际过程中，就算对方一句话也不说，他们也能从其举止行为中了解对方的真实想法。

肢体动作还分为真动作和假动作，真动作是一种很自然的真情流露，假动作则是一种掩饰。很多说谎者都喜欢用假动作来欺骗人或掩饰自己的不安。

其实，纵使假动作做得再自然，也还是会露出破绽，毕竟它与内心的真实感觉是不一致的。说谎者也许可以骗过不谙世事的人，但对于有经验的社交高手，也只能是欲盖弥彰。

当下，在与人交往时，肢体语言的重要性也越来越明显，能解读他人的体态语言，能运用好自己的肢体语言，就能在看透别人的同时正确表达自己。

那些选美小姐，举手投足都得体有礼，她们不用说话，只要站在那里就好像在跟人交流，这都是肢体动作的功劳。由此可见，它能为大家提供相当丰富的信息。

因此，在交际时我们要注意观察这些小细节。

如果在交流中，有人不断摸鼻子，而且一再重复，那么他很可能就是在说谎。当说谎之后，想法会立刻进入大脑，这容易让人感觉不安，于是下意识地就想捂住嘴巴或鼻子，但为了不让动作过于明显，往往就会蹭鼻子，这种动作通常很难控制，会不断出现。

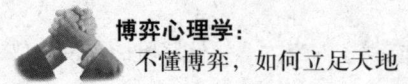
博弈心理学：
　　不懂博弈，如何立足天地

　　当有人来回搓手，不知道该如何放时，就证明他当下局促不安，或者因为紧张而感到拘谨。这时，我们不妨开个玩笑，来缓解下尴尬的气氛，等对方安定下来再进行交谈。

　　嘴上的动作也能透露他人的信息。当他人下意识地咬嘴唇时，证明他内心不舒服，也许是有人在无意中触动了他的自尊心，或损害了其尊严。这类人往往有强大的意志力，做事比较武断，也时常会记恨他人。

　　当别人的嘴角轻微上扬时，证明他内心高兴，对当前的状况相当满意，心情极好。如果这时说出自己的请求，对方就更容易答应。

　　手部的活动能力是比较强的，内心很多信息都会优先通过手部动作传达出来。受到刺激时，它会下意识地收缩、颤抖或冒汗。这些下意识的动作通常都难以控制。

　　当看到对方手掌颤抖、冒汗时，就说明对方受到了刺激，也许是听到了振奋的好消息，也许是忐忑紧张，或者是不敢面对自己的内心世界。结论要通过具体的情境来做明确的判断。

　　苏珊从小就家境富裕，长大了又嫁了个好老公，一直顺风顺水，周围很多女同学都非常羡慕她。

　　有一次，老公从国外带回来一些昂贵的工艺品，苏珊就邀请几个好朋友来家里参观，赵敏也是其中之一。

　　同学们看到新奇的工艺品，忍不住啧啧称赞，喜不自胜。

　　过了两个小时之后，苏珊发现其中一件出现了明显的裂痕，好像是被摔过了。

　　"啊，这个怎么坏了？是谁摔的？"苏珊心直口快，一下子就说了出来。

　　大家都连连否认，谁也没注意。

　　这时，苏珊看见赵敏站在一旁，极力保持镇静，她的双手不可抑制

第八章　心理博弈：控制了对方内心，他将唯你是从

地微微颤抖。一时间，苏珊什么都明白了。

赵敏家里条件不好，弄坏工艺品后肯定很紧张。

想到这里，苏珊没有追问。一年后，苏珊收到了赵敏送来的礼物，这个礼物跟当初坏掉的工艺品一模一样。

赵敏颤抖的双手出卖了她的内心，让善于观察的苏珊知道了真相。不经意的肢体动作，往往是难以骗人的。

读懂他人的肢体语言也不是一件难事，只要我们勤加练习，善于观察，相信我们也能锻炼出一双慧眼，以便在交际中感应肢体语言的信息和秘密，同时更好地表达自己。

读不懂他人肢体语言的人，在交际中就像在夜间行走，一不小心就会迷路，甚至摔倒。相反，如果读懂了这些信息，交际之路就会变得平坦又明朗。

语速的快慢，能带来无数信息

在跟人聊天时，如果对方的声音温和悦耳，语速不急不慢，听者会感觉非常舒服，忍不住想要亲近；如果对方声音尖锐，语速惊人，我们会感觉很讨厌，因为给人的印象不好。由此可见，声音也是判断他人性格和情绪的重要依据。

在沟通中，尤其是谈判时，很多人都会通过语调语速的变化来判断对方的情绪和心理，从而掌握主动权。如果我们无法从其他方面看透别人时，不

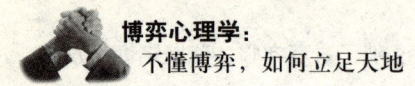

博弈心理学：
　　不懂博弈，如何立足天地

妨可以利用声音来判断。

　　李明明是保险公司出了名的老好人，性格温和，说话不紧不慢，总是一脸微笑。她在公司待了很长一段时间了，从来没人看到过她发脾气。有时跟人拌嘴，也很难听她说出难听的话。

　　正因为如此，李明明在跟客户交谈时，总是很难占据上风，经理对她很不满意。

　　明明也感觉很苦恼，很多客户都摸透了她的脾气秉性，从她的声音中就能知道，无论如何她也不会发脾气，也不会据理力争，所以大家都有恃无恐。

　　"明明，我觉得你就是脾气太好了，所以大家都不把你放在眼里。"公司里的一个老员工提醒明明。

　　"可我脾气就这样，怎么改啊？"

　　"人家都说禀性难移，是有道理的。你在跟客户谈判时，可以改变自己的语调和语速，如此一来，客户会觉得你也是有情绪的人，这样他们就会'惧怕'你。"

　　明明觉得有道理，于是决定试一试。

　　在跟客户谈单子时，明明中气十足，口气很强硬，语速也比平时快一些。客户不停地反驳明明，这次她没有再好言相劝，而是掷地有声地说出了自己的意见，看起来非常强势。

　　客户一听，觉得明明态度强硬，就没有再提无理要求，而是和颜悦色地跟明明商量，怎样才能让双方都获利。

　　之后，明明进行了总结，她深刻地意识到，声音变化能透露出个人的情绪。推己及人，之后在跟客户谈话时，她也经常凭借声音来探究对方的情绪，通过掌握对方情绪的变化，转化对策来说服。如此一来，明明的谈判功力增强了很多。

第八章　心理博弈：控制了对方内心，他将唯你是从

说话时的语调和语速都暗藏着情绪，声音是根据个人的情绪变化而变化的。有些科学家，就是通过一个人说话的语气来研究对方当下情绪的。如果能及时判断出对方的情绪，我们就能立刻调整说话的方式和内容，说服对方。

在说服他人的时候，如果听出对方的声音忽高忽低，变得不耐烦了，聪明的人会立刻察觉，然后尽快结束话题，或转到一个对方感兴趣的新话题。这样在说服的过程中，就不会处于被动。

声音为什么会这么重要呢？其实也不难理解，人的声音系统组成是非常复杂的，是一个很特别的存在。动物的嘶吼都是来自本能，但人却不一样，它是思想交流的工具。在说话时，感情、情绪、性格等都会不自觉地流露出来。所以，听语速和语调就能判断出情绪。

俗话说得好："听话听音，浇树浇根。"通过语调就能听出人的情绪。语调比语言更具个人特色，语调和语速会随着情绪时刻变化。反过来，一个人当时的情绪也决定了他的说话口气和对事物感情的浓淡深浅。

在平时，如果我们看到别人生气了，态度肯定会变温和，或者不再说话。很多时候，生气都不是看出来的，而是根据对方的声音变化察觉到的。

那么，不同的语调和语速到底代表着怎样的情绪呢？下面我们来具体看一下。

当一个人的语调变轻，语速变慢时，说明对方底气不足。这类的人脾气比较温和，心胸宽广，平时也能接受他人的意见。其缺点是不能坚持自我，容易受他人影响。属于多愁善感类型。

感觉到对方底气不足时，我们就可以适时地说出自己的交际目的，对方更容易接受。

当别人的声音听起来清脆悦耳，轻快干脆，就证明他心情大好，心中的喜悦很自然就会表现了出来。这时跟他们交往，什么话都能说，因为对方心

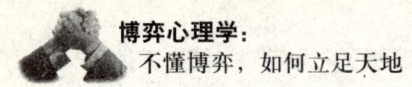
博弈心理学：
不懂博弈，如何立足天地

情好。

在说服时，当对方的声音变得温和，语速变缓慢，听起来温暾暾的，则说明对方的心情平和，没有什么起伏，也能说明对方对你的话不感兴趣。如果这样，就不要再继续说问题，说得越多，对方越不耐烦。还不如先停下来，等有机会了再继续说，效果反而会更好。

张玲平时爱好写作，大部分的业余时间都花在了这方面，用她的话来说，写作是她的梦想，是让自己感觉充实饱满的必要存在。

在一个交际场合，她偶遇了自己的偶像作家，当时非常激动，她立刻走过去跟对方打招呼，非常热情地介绍自己，说自己是对方的粉丝。

张玲想，这是一个很好的学习机会，于是她就开始询问对方写作技巧问题，说了一会儿，对方的声音开始变慢，语气也很低沉。虽然还在跟张玲交谈，但声音已明显透露出了不耐烦。

"很高兴跟您谈了这么多，希望以后还有机会请教。"张玲立刻主动结束了话题。作家自然很高兴，给张玲留了名片就离开了。

很多人在交际时只注意自己的情绪，总是一头热地表达自己，这样很容易让对方反感。只有学会了体察对方的情绪，才能合时宜地跟对方交谈。

还有，如果某人的声音忽然由平稳转向了高亢或尖锐，就证明有人触碰了他的底线，使他的情绪出现了很大波动，如果是自己没说对话，就赶紧停止，或跟对方道歉。

值得注意的是，如果对方的语气变得愤怒强硬，我们最好不要以硬碰硬，冷静下来，选择其他方式进行温和的交流，减少不必要的矛盾和冲突。

由以上内容我们不难看出，声音里面也有大学问。学会通过语调语速来观察别人的情绪，就能及时调整自己的说话方式或谈话内容，让交际变得更和谐、更高效。

第八章　心理博弈：控制了对方内心，他将唯你是从

不要自顾自地说，要顾及别人的情绪和喜好，不要别人已经不耐烦或很生气了，你还在滔滔不绝，这样的人，是无法让他人喜欢的。

在交际中，声音也是留给他人的第一印象，我们不仅要善于体察他人的语调语速变化，摸清他人的情绪变化，也要注意自己的声音，尽量给人良好的印象，同时避免让声音过多透露自己的情绪。只有做到这样，才能在说服对方的时候立于不败之地。

一个人的口头禅，就能听出他的性格

一个人的口头禅，往往会从侧面暴露他的性格特征，而掌握了一个人的个性特征，对于说服一个人就会起到至关重要的作用。

积极的人说的口头禅会给人动力，会让大家认为你是个积极的人，从而赢得别人的喜欢。

晓月是一个设计公司的文员，平时只管一些闲杂之事，在人才济济的设计公司，她的存在原本应该是很不显眼的。但事实却相反，她不仅得到了领导的赏识，还是整个公司的"人气王"，大家都非常喜欢她。

这很大一部分原因都得益于她经常说的口头禅"还好"。这是一句很积极的口头禅，大多数人听到都会很高兴。事实上，晓月也是一个积极乐观的人，不管什么时候、遇到什么困难，她都能看到希望。

"晓月，我今天真倒霉，因为堵车迟到了两分钟，气死人了。"一位女同事大早起的就开始跟晓月抱怨。

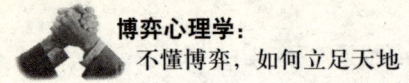

博弈心理学：
不懂博弈，如何立足天地

"还好，幸亏只迟到了两分钟，要是再多迟到一会儿，就撞上经理了。"同事听了晓月的话暗自觉得庆幸，也就不生气了。

"晓月，凭什么年度优秀员工是小赵不是我啊？我哪里做得不好？"

"其实你也还好了，不是给你加薪了吗？加薪比评优秀更实惠。"晓月笑呵呵地安慰同事。同事听了，心情很快就多云转晴了。

因此，公司里的人每每提到晓月，都会忍不住竖起拇指说："她为人积极乐观，真是一个不错的女孩子。"

这个评价，大家基本上都是从她的口头禅中得出来的。

就这样，晓月在公司越干越好，没过多久就升职加薪了，大家都为她感到高兴。

大家为什么喜欢晓月？是因为她的积极乐观。大家为什么认为她积极乐观？是因为她带有积极意义的口头禅。大家通过口头禅了解了晓月的性格特征，从而认可了她。并且晓月通过别人的语言了解到她们的烦恼，从容地说服对方忘却掉不好的事情。因此，让她在公司里赢得了好人缘。

每个人的成长环境和生活经历都有很大区别，久而久之，说话方式和喜好就会有自己的特点。经常说的口头禅，就代表了我们的性格特征和个人喜好。

简而言之，口头禅就是一种个人的说话习惯，也许开口之前没过大脑，但它却真真切切包含了说话人的心理活动和性格特征。因此，平时不要小觑别人的口头禅，尤其是在交际中，更要留心，从而看透别人。很多时候，一不注意，口头禅就已经"出卖了"我们。

在跟人交往时，我们尽量避免说否定自己、偏激、带有严重感情色彩的话。很多人都经常说"我不行"、"最讨厌某某人或某某事"、"人心隔肚皮"、"烦死了"、"郁闷"等含有否定意义或悲观情绪的诵话。

第八章 心理博弈：控制了对方内心，他将唯你是从

事实证明，没有人会喜欢这样的人，大家面对他们时，往往都会敬而远之。

一般情况下，积极的人会说积极的口头禅，消极的人会说消极的口头禅。我们的性格影响了口头禅，反过来，口头禅也会给予我们暗示。如果口头禅一味地消极，就会让我们的性格变得更消极。

在与人交往时，可以通过口头禅认识别人，并在说服别人的时候占有主动。与此同时，我们也要注意自己的口头禅，尽量克服消极情绪，不让他人窥探到。

如果发现自己的口头禅过于消极，就必须重视起来，想办法克服，不能听之任之，让其影响我们正常的交际。

想必很多人都有疑问，要怎样通过他人的口头禅来判断其为人？下面我们来具体分析一下，如何通过口头禅判定别人的性格。

经常说"听说"、"据说"的人往往喜欢道听途说，缺乏主见和判断力，遇事只会人云亦云。同时，处事比较圆滑，不想为自己的行为负责。对于这类人，不要太过听信他们，大多时候一笑置之就行了。

经常说"是的"、"你说得对"、"嗯"、"确实如此"的人最大的缺点就是缺乏主见，很容易被他人说服，通常很难坚持自己的意见。在交际中，他们几乎都是被动的一方，容易被别人牵着鼻子走。

把"不过"、"但是"当口头禅的人，性格比较委婉、温和，可以说，这类人大都精通交际之道，不把话说绝，给人留面子，给自己留下余地。说话做事都不会太武断。他们在人群中，往往更受欢迎。

依晴是化妆品公司的公关小姐，口才、办事能力都非常了得。听说过她的人会认为，她肯定是个口齿伶俐、咄咄逼人的人。但见过她之后，再也不会这么说，因为她说话相当温和。

"你们公司的产品怎么会这么差劲啊？自从我用了这套化妆品脸都

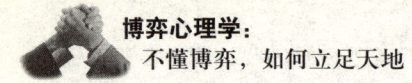

成这样了。"顾客指着自己长痘的脸,非常不满意。

"我可以看出来,您脸上的痘是因为受到刺激长出来的,我们的产品完全是纯天然的,"依晴从事这个行业这么多年,一眼就看了出来,"不过您是我们的顾客,我们会给您治疗好的,请您相信我们。"

顾客心里也明白,自己最近天天吃辛辣食品。听依晴这么一说,她便顺势下了台阶,欣然同意了。

虽然不是自己的错,但把道理说明白后,再加上"不过",顾客心里便很受用了。

喜欢说"我早就知道"的人,都很喜欢表现自己,踩低别人。言外之意就是"我已经知道了,你却不知道,你根本比不上我"。这类人往往妄自尊大、自以为是,最经不住他人的甜言蜜语,一旦被他人看透,社交时就变得岌岌可危了。

"我晕"、"我去",把这些当作口头禅的人,一般都比较活泼开朗,没有什么城府,是内心可爱之人。在生活中,他们的人缘往往都比较好,是不拘小节的。但有时也难免会因为不善洞察别人而吃亏。

如果我们留心观察,就不难发现,很多人都有自己的口头禅。也许是自己发明的,也许是学来的,但不管如何,都透露着自己的生活圈子和性格。因为口头禅是个习惯,很难一时改变。

学会通过口头禅来判断对方的性格是种社交技巧,是看透别人的捷径,说服他人的前提,大家最好都要注意些。与此同时,我们还要注意自己的口头禅,不要让对方看出漏洞,在说服中处于劣势。

第八章　心理博弈：控制了对方内心，他将唯你是从

读懂内心，你将无所不能

人类的行为可以发出两种不同讯号——语言信号和非语言讯号。其中，语言讯号是最易于寻找和识别的，而非语言讯号（包括肢体语言、面部表情语言甚至肌肉自主抽搐等身体反应）则难以被察觉，因此往往被人忽略。但正因为他的不易察觉和被忽略，才使得人们很难对他进行作假和包装——用语言撒谎是最常见的，这个是我们公认的现象。

如果能够掌握非语言讯号告诉我们的信息，对于了解一个人或事情的真相就显得容易多了。

那么，非语言讯号和我们讨论的说服之间，又有怎样的关联呢？

公司的茶水间贴有明显的"禁止吸烟"的标志，但是，在最近新进公司的几个男同事的影响下，这个标志被吸烟的男同事完全忽视，以至于他们总是三五成群地在茶水间吸烟聊天，这让身为行政人员的小曹很是头痛，总担心行政经理哪天发现这个情况而说她工作不负责任。

小曹决定说服吸烟的男同事不要在茶水间吸烟。

如果直接向他们提要求肯定是行不通的，不仅不管用，还很有可能引起他们的反感。经过小曹几天的观察，她发现男同事们在吸烟的时候总是不自觉地朝里面的办公室张望——行政部办公室就在里面，其实他们还是有所顾忌的。

但是，行政经理办公室与茶水间之间的视线被一颗盆栽挡住了，除

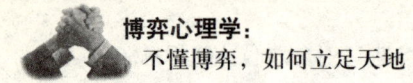
博弈心理学：
　不懂博弈，如何立足天地

非站在办公室门口，否则刚好不能看到茶水间的情况。于是，小曹请清洁工将那盆盆栽挪到了走廊的另一端，这样从行政部到茶水间的视线就完全敞开，在行政经理办公室即可将茶水间一览无余。

果然，盆栽移走的第二天，男同事们几乎就没有在茶水间吸烟了，小曹也终于解决了心头之患，成功地"说服"了男同事们。

从上面的例子可以看出，说服不一定需要"说"，不用语言的说服，同样可以达到目的。这就是非语言讯号与说服之间的关联——通过对非语言讯号提供的真实信息的揣摩与分析，并将其与说服对象的心理诉求结合起来，从而大大提高了说服的成功率。甚至可以这样说，结合非语言讯号而进行的说服工作，其成功率明显高于仅仅根据语言讯号而进行的说服工作。

从心理学的角度来说，每个人都具有一定程度的超感官知觉，即人对事物的认知在某些情况下可以不通过我们通常认为的感觉器官，而是通过"非眼视觉"、"遥听"、"预知"等所谓的"超能力"。超感官知觉的存在，可以帮助我们更好地把握说服对象所传达出来的非语言讯号。

但是，对非语言讯号的观察与把握，并非一件容易的事情。观察的准确性、把握的程度都与执行者的社会阅历、认知习惯、反应速度、归纳整合信息的能力等基本素质有相当大的关系。

一个善于观察与把握非语言讯号的人，一定是一个有着丰富生活经验的人，倘若没有一定时间的自然积累，是难以实现的。

据社会心理学研究表明，若一个人各方面的基本素质均衡且处于社会中等水平，那么假设他在22岁左右的这个心理生理状况处于上升状态的时间点，开始有意识地培养自己察言观色的能力，那么他对观察对象达到80%的准确认识，通常需要1.5年的时间。当然，这个时间的长短是随着上面那些假定的因素的不同而有所改变的，但一般不会早于1年。

如果希望根据非语言讯号而实现成功的说服工作，建议首先在日常工作

第八章 心理博弈：控制了对方内心，他将唯你是从

及生活中有意识地去培养自己捕捉周遭情况的能力，以便为后面的说服工作打下坚实的基础。

说服是为得到认同，而非争论胜负

生活中，每个人都要交际，都要跟他人搞好关系，我们不仅要懂得"理直气壮"的道理，更要明白"有理也要让三分"的智慧，凡事都要尽量给他人留足面子。只有尊重他人，才能换来别人的尊重，只有赢得他人的尊重，在说服时，才会拥有足够的权威。

每个人都有缺点，每个人都会有窘迫的时候，如果在交往中能及时为别人化解尴尬，对方必然感激在心，有朝一日，也会适时报答。

岳峰来装潢设计公司不久，由于工作能力比较突出，很得领导的赏识。岳峰做事也更加勤勉。

设计公司的老客户前来洽谈工作合作意向，主要想了解一下他们有没有新创意。这是岳峰第一次见大客户，心里非常紧张。一上午他都不停地喝水、上厕所。

下午，客户来了，还带着几个设计行业的大人物。岳峰想，一定要给大家留个好印象。

领导跟客户寒暄，岳峰还没来得及打招呼，客户从口袋里拿东西时却带出来一团用过的、皱巴巴的卫生纸。这团卫生纸立刻吸引了大家的注意力。

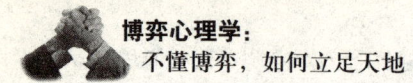
博弈心理学：
不懂博弈，如何立足天地

客户一阵冷汗，尴尬极了，他想，这下留给设计公司人员的印象一定糟糕透了。

这时岳峰立刻反应过来，装作没看见，转移话题继续跟别人聊天，成功缓解了客户的尴尬。

那次，双方交谈满意，客户提出了很多有利用价值的建议，设计公司的人都非常高兴。客户一直记着岳峰的好，记得对方给足了他面子。

一年之后，客户在他们公司升职为设计总监，岳峰却出事了。他的合作者携款私逃，大家都追着他要债。

后来，客户出面给他做了担保，才给了他一个喘息的机会。在客户和其他朋友的帮助下，岳峰顺利地渡过了难关，他非常庆幸，自己当初给别人留面子的举动，最后竟换来了如此大的回报。在以后的为人处世中，他更加注重给他人留面子。

生活中，人人都渴望得到别人的尊重，保全自己的颜面，感觉到别人的尊重，才会付诸实际行动尊重对方。

尤其在交际中，给足别人面子显得尤为重要。我们可以不跟别人深交，可以不赞同别人的说话方式或做事行为，但是再反感也不能让人下不了台。我们今天让对方丢掉面子，对方明天就可能让我们失去利益。人际交往，重在不要树敌，给别人面子是此举的前提和保证。

面子虽然是表面的东西，但它跟实际利益是紧紧相连的。如果别人得到了我们的尊重，必然会对我们产生好感，会感觉大家是站在同一战线的，如此，自然会有共同利益可言。

现实中很多事实都证明，如果不能重视面子这个问题，就必然会吃大亏。面子代表了一个人的尊严，当面羞辱别人让他人下不了台，就算对方当时不发作，也必然会记恨在心。一旦有机会，很可能会做出报复举动，到时候就悔之晚矣。

第八章 心理博弈：控制了对方内心，他将唯你是从

相反，在实际交往中，如果我们能经常性地给别人戴高帽子，让别人脸上有光，心情愉悦，很自然就会记住我们的好，在遇到相似的情况时，也会如法炮制地给我们面子。如果对方得以高升又顾及旧情，到时获得的利益就会更多。

在跟别人打交道时，经常会遇到意见不同，看法不一的情况，有的人因为一点小事就大动肝火，咄咄逼人，甚至说尽难听话，一点也不顾及别人的感受。如此言语过激，不尊重别人，就等于把话说绝，一点余地都不给自己留。

懂得给他人留面子的人，是有修养、有度量的人，不逼迫别人，就不容易跟别人结怨，在交际的道路上自然会走得更顺畅。

在跟人交往时，不论什么时候都不做伤害别人颜面的事，从平时的小事做起，严格规范自己的一言一行。当别人处于下风时，不要主动进行攻击，不做奚落他人的事，哪怕自己做得再对也不可以。如果纵容自己，往往有第一次之后便会有第二次。

给别人面子还要注意一视同仁，不能因为对方是大人物就主动献殷勤，对方平凡就无视甚至奚落。在面对小人时，更要给对方面子，得罪小人，后果往往会更严重。总之，给他人面子要一碗水端平，不要厚此薄彼。

小牧在机关待的时间很长了，但就是没有升职的动静，思索许久，他决定要给领导送礼，领导跟他是大学同学，刚毕业的时候走得很近，后来关系就慢慢疏远了。

小牧带着礼物见到领导之后，领导义正词严地拒绝了，一点商量的余地都没有："你是公司的老人了，怎么能做出这样的事？以后再也不要送礼了。"

这些话让小牧很伤心，他认为领导太不顾及彼此的情分了，真是小气。

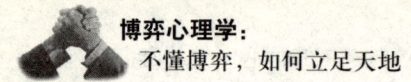
博弈心理学：
不懂博弈，如何立足天地

　　实际上，小牧不知道的是，之前上学的时候，领导上学时家里条件很不好，他总是嘲笑领导穿着寒酸，上不得台面，这让领导感觉很伤自尊。这么多年了，他一直记得小牧当初不给落魄的自己留面子的事，所以，一直很怨恨小牧，慢慢就疏远了他。

　　小牧得不到他人的帮助，就是因为不懂给他人留面子造成的。

　　不论什么场合，不论面对谁，不论自己多么意气风发，都不能做伤害人面子的事，人要脸，树要皮，伤害别人的自尊往往是要付出代价的。

　　聪明的人在交际时，不但不会做伤害别人面子的事，还会主动帮人解围，避免对方尴尬。当别人做错事了，要主动替对方说好话；别人陷入尴尬，要及时转变话题；别人与自己意见相悖时，可以据理力争，但不能争强好胜，损人利己。

　　每个人都有报恩心理，自古就有"滴水之恩当涌泉相报"的古训，我们在关键时刻为别人解围，就等于施恩于他人；在遇到相似的状况时，也必然会有人为我们化解危机。

　　总之，给他人留面子就等于给自己留后路。在交际中，我们要尊重对方，不要因为逞一时痛快就做出伤害别人颜面的事，只有如此，才就避免做出错误行为，引起不必要的争端，害人害己。

　　人际关系是非常复杂的，我们不要求做到左右逢源、朋友遍天下，但起码要避免树敌，从身边的小事做起，严格要求自己。不要得理不饶人，非要争出胜负不可。凡事要让人三分，给别人留面子，给自己留余地。

第九章 自我博弈：
让坏情绪从思想中永远消失

第九章　自我博弈：让坏情绪从思想中永远消失

我的情绪，我做主

人的一生中，自己需要决定和面对许多事情。无论是自己要走的路还是要做的事，甚至是自己的情绪，都需要我们有主见，不能随便受到别人坏情绪的感染。人生而为人，就是要活出自己，而不是舞台上的木偶娃娃，嬉笑怒骂都由别人来控制决定！

琳琳总喜欢逛一家店，去看看那家店里的饰品，只是她现在还买不起。每次她都会在店里看看，还经常让营业员拿出一些项链、戒指之类的让她试戴，但她从来没买过。

这次，琳琳刚进店门就看到一个熟悉的女店员始终低着头，好像情绪不太好。原来是她违反了公司规定，在工作时间发短信，受到了经理的严厉批评。

琳琳要求这位女店员拿那条新款的项链让她试戴一下，这次，这位女店员慢慢走过来，边拿项链还一边问她："你买吗？"谁都能听得出来，这话有轻视的意味。

显然这番话严重伤到了琳琳的自尊心。她也一下子来气了，冲着女孩说："我买不买关你什么事，你管得着吗？"说完，琳琳摔门而出。

琳琳在路上始终暗骂着："神气什么？""不就是个营业员吗？""我买不起，难道你买得起吗？"琳琳到楼下了还在生气。

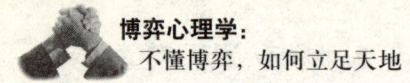

博弈心理学：
不懂博弈，如何立足天地

等了很久的电梯始终没下来，真烦。这个时候，有一个女人推着一个小男孩走过来。小男孩长得很可爱，当推车停到琳琳身旁时，他一边双手乱舞，一边冲着琳琳使劲地笑。妈妈随即也弯下腰来，对小孩说："宝宝，叫阿姨……阿姨。"

"阿……姨！"小男孩甜甜地叫了一声。琳琳不得不冲着他说："乖！"顺便也去摸孩子的小手，琳琳的手被这双小手抓得很紧。孩子拉着琳琳的手笑出声来。

这下，琳琳真被小孩逗笑了，满腔的怒气突然消失得无影无踪。

受到那位首饰店员轻视的琳琳，让她连等电梯的心情都没了，直到看到那个可爱的小男孩。是小男孩感染了琳琳，让她又恢复了好心情。

当他人正值心情糟糕之时，如果我们处理不妥的话，自己难免也会受到感染，轻则心情低落、情绪不稳，重则大发雷霆、情绪失控。现在有一个词特别流行，叫"淡定"，说的是我们要保持平和的心态，不受别人、环境的影响；要为自己的情绪做主，不要失去了主见。如果超市的售货员对我们爱搭不理，甚至冷漠以待，那么，我们是不是会因为他们的态度不好而生气呢？如果是这样，那么我们每天的好心情几乎都会被别人破坏掉。我们是为自己生活，我们的情绪是在为自己的生活着色，如果总是受到别人坏情绪的感染而让自己的生活呈现灰黑色，那是很不值得的。

我们经常说要有主见，实际上主见不仅表现在对事情的判断和决定上，同时也涵盖自己对情绪的控制上。心态好的人情绪都具有稳定性，这种稳定性既包括能很好地控制自己的不良情绪，还包括对别人负面情绪的免疫能力。

那么我们应该怎样为自己的情绪做主，怎样才能让自己修炼得百毒不侵呢？

一是要尽量远离消极的人。如果一个人和我们在一起时，总是在抱怨老

第九章 自我博弈：让坏情绪从思想中永远消失

板刻薄，或是整天向我们诉说人生太苦，哀叹自己的运气太差……那么我们尽量远离这样的朋友，就算我们对坏情绪的"免疫力"再强，也不能保证长期与其在一起不受一点影响。

二是要凡事有主见。人要是没有主见，最易被别人的情绪感染。当与我们在一起的人比较消极的时候，我们可以安慰他，尽量向他传递正面情绪，而不是被他拉入消极的漩涡。

三是要寻找自己的幸福点。消极的人或许总是在我们身边出现，如果躲避不及，就得想一想自己比他们好的地方。或许他们老板刻薄小气，我们的老板至少还会请自己吃个蛋糕；或许他们觉得生活没有希望，但至少我们还有愿望可期待，还有梦想需要去奋斗。我们总能在自己身上找到比别人幸福的点，只要我们愿意。

四是要加强自己对他人坏情绪的"免疫力"。假设今天我们在超市里遇到了一个态度恶劣的售货员，千万别跟着动怒。就算他冲我们发火，我们又不会少块肉；相反，如果我们生气了，那我们一天的好心情都会消失殆尽，所以要尽量使自己做到不受他人坏情绪的影响。

没有人会完全不受外界影响，所以要学会控制自己的心情，做自己情绪的主人，加强自己对别人坏情绪的"免疫力"，只有这样才能每天拥有好心情。

人活着，不是只为了和别人"较劲"

总有些人在生活中喜欢和别人"较劲"，和每个人都想一较高下，如

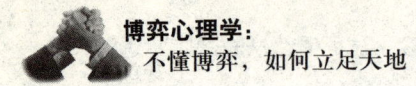

博弈心理学：
不懂博弈，如何立足天地

果工作职位比别人低，收入比别人少，就会自怨自艾，抱怨上天不公。常常拿别人的标准来衡量自己，自己给自己造成混乱和迷茫，甚至使自己不得安宁。

老夏和老张是老同学。大学毕业的时候，他们被分配到同一个县机关单位上班。他们都是从机关的基层干起，可是没过几年，老夏就被调到市里去了，后来又顺利地被调到了省里，官越做越大，人也越来越意气风发。

可是老张的运气就不那么好了，他在那个县机关单位里默默无闻地一待就是20年，从年纪轻轻眼看熬到了斑斑白发，却还只是个小公务员。

有一次同学会，老夏满面红光、意气风发，这让老张心里嫉妒得发狂：自己哪方面比他差？想当初在学校的时候，自己门门功课都比他好。之后，老张总是想起自己与老夏天壤之别的生活，他的心里憋着一股气。

这天下班后，心情不好的老张去了一家餐馆，一个人在那里喝闷酒。因为人多，有人就坐在了他的对面，看他闷闷不乐，就问他："看您心情不好，为了什么事发愁呢？"

老张一仰头就干了一杯，然后叹了一口气说："你不知道，我这辈子真够倒霉的，我在机关里熬了20年，如今还在原地踏步。"老张边说边又给自己倒满酒，"可是和我一起毕业的同学早就爬到省机关了，你说我怎么这么命苦呢？他有什么能耐？他凭什么就受重用？不就是嘴巴甜一点吗？"

老张心里始终放不下，开始日日酗酒。在一年后的一次体检中，老张被查出患了肝硬化，医生说是喝酒太多导致的。

第九章　自我博弈：让坏情绪从思想中永远消失

其实，每个人都是不尽相同的，这注定每个人的人生都将是千差万别的。可是有些人总习惯拿别人的标准来衡量自己，他们看见别人某方面比自己强就心理不平衡、嫉妒，进而对自己提出各种苛刻的要求，或者抱怨不公平的待遇。

杨小文在一所名牌大学读完研究生后进了一家著名的外企公司工作，同事都没有她的学历高，要么专业没她好。为此，她很有优越感，她觉得自己肯定会比这些人更容易得到重用。

两个月后，当杨小文仍然在做最基础的工作时，上司居然提拔了只有本科学历的于晓月做办公室副主任，负责对结算工作的审核，这让杨小文感到失落和愤愤不平。

杨小文想不通为什么是这样，她觉得上司对人不公。她整天想着这件事，甚至无心工作，只想赶快跳槽。这天，在结算时，她因为分心而把一笔投资存款的利息重复计算了两次，虽然没有给公司造成实际损失，但整个公司的财务计划却被打乱了。

事后，杨小文并没有觉得自己犯了多大的错误，她觉得这不过像是做错了一道数学题一样，只要改正过来，下次注意就是了。她的这种满不在乎的态度让上司很不放心，以后再有什么重要的工作就总找借口把她"晾"在一边，不再让她参与了。

杨小文更觉得不公平了，当她的抱怨传到上司耳朵里的时候，上司找她谈话说："其实，我们最开始的计划是让你在基层锻炼一段时间，然后让你担当更重要的职务。不过，让我们很失望的是，你一直在抱怨我们对你不公平，却没能做好最基础的工作。所以，并不是我们没有给你机会，而是你自己不懂得把握机会。"

没过多久，杨小文就不得不辞职了，而她也终于知道，她不是败给了别人，而是败给了自己。

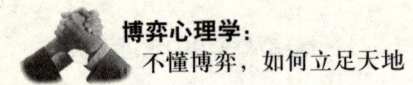

博弈心理学：
不懂博弈，如何立足天地

盲目的攀比只能让自己徒增烦恼、哀叹命运的不公，实际上就是在摇首叹息之际将自己的命运交给了别人，这是在自毁前途。

人的一生，谁都会遇到许多困难和挫折，都有自己必须面对的尴尬境地，有些人无论自己碰到的困苦是多么微小，总以为自己已经到了万劫不复的境地，似乎自己是世界上最不幸最痛苦的人。只有当更大的灾难降临时，才会幡然醒悟，原来那些折腾得死去活来的痛苦根本不算什么。

人要学会知足，我们的眼光总倾向于比自己优越的生活，却忽视了还有许多人正过着比自己更加艰苦的日子。人之所以能够快乐，不是因为他的物质生活有多么丰厚，而是因为他们懂得知足。整天抱怨的人也并不一定生活在最底层，而是因为他们的目光只盯在那些比自己富有、成功的人身上，对比之下总认为自己的境遇糟透了，殊不知还有很多人命运比他们更加曲折，过着比他们更加艰苦的生活。

看看下面这些数据，你是否觉得自己是幸福的？

根据联合国"世界粮食日"数据显示，全球有36个国家目前正陷于粮食危机中；

全球仍有8亿人处于饥饿状态，第三世界的粮食短缺问题尤为严重；

发展中国家的人民有两成无法获得足够的粮食；

非洲大陆上有三分之一的儿童长期营养不良；

全球每年有600万学龄前儿童因饥饿而夭折！

即使我们并不富足，但家里有充足的食物，有足够的衣服，有住所，那么我们就已经比世界上那些没有足够的食物、衣不蔽体、居无定所的人富足多了。如果我们没有经历过残酷的战争，没有经历过忍饥挨饿的生活，上天对我们已经很优待，我们已经比世界上其他人都幸运了！

看过上述这些事情，我们会不会有种幸福的感觉？我们之所以抱怨，不过是因为不知道还有更坏、更痛苦的事情。所以，有时不是老天对我们不

第九章　自我博弈：让坏情绪从思想中永远消失

公，而是我们不懂得珍惜上天赐予我们的宝贵财富。

学会感恩，感谢父母给予我们生命，不要总想满足自己的欲望。即使身临险境，如果还没到最坏的境遇，至少还比正经历那样生活的人幸福。如果已经经历了最坏的，已经不可能再坏了。那么，还有什么想不开的呢？

柏拉图曾经说过："人类没有一件事是值得烦恼的。当克服一次挫折之后，便提升了一次自我。"如果人在逆境之中仍然能够坚定自己的信念，有着绝不放弃追求成功的勇气，那么逆境和挫折将会是人生中一笔宝贵的财富，否则，逆境只会让人一蹶不振，带来真正意义上的失败。

英国知名作家约翰·克里西年轻时非常勤奋地写作，寄出了743封稿件，但都相继被退了回来。在打击面前，他没有退缩也没有灰心。他知道，最坏的结果也无非是被再退稿而已。既然已经经历过最坏的结果，那我还怕什么呢？已经承受了一次次失败的痛苦，如果他就此罢休，那之前所有的努力和折磨都变得毫无意义。一旦他坚持下去，获得了成功，每一封退稿信的价值全部都将被重新计算。正是凭借这样的想法，他坚持了下来，并最终取得了成功。

内心强大的人，他是不会在逆境中低头止步的。美好的命运也不会眷顾那些对逆境心存愤懑、抱怨命运不公平的人。

在艰难困苦中乐观的人善于磨砺意志，他们知道抱怨毫无价值，唯有自己不断努力。他们知道只有这样，才能在最险峭的山崖上扎根，成长为最伟岸挺拔的大树。一味地抱怨，不知前进，只会使自己的生命之树弱不禁风。

因此，当我们取得一点点成功的时候，应该看看身边那些最优秀的人，和他们比较差距。同样，当我们身处逆境时，应该学会看看那些比我们境遇更差的人们，这样才不会抱怨。

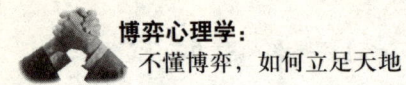

博弈心理学：
不懂博弈，如何立足天地

别活得太敏感，让自卑淹没了心灵

每个人都有自己的缺点和不足，这是无法避免的事情。但是，我们中有不少人因为自己存在的缺点和不足而感到自卑，一次次拼命地去掩饰和躲避，从而让本来很正常的生活因敏感而乱了方寸。"众口铄金，积毁销骨。"我们经常害怕别人对自己的评价不高，害怕自己成为别人嘲笑的对象。其实，太多的敏感只能是自找其扰，烦恼自卑的心理是因为我们戴着有色眼镜看世界的原因。

敏感是极度不自信的表现。一个人自卑的特点是感觉己不如人，低人一等，轻视、怀疑自己的力量和能力，而这正是成大事者最蔑视的！那么如何在成大事的过程中，拒绝自卑心理的纠缠呢？

敏感的另一面是为自己的失败寻找借口，极度的不自信和脆弱的自尊心让一个人为自己的失败寻找着开脱的理由。长此以往，不仅于事无补，心灵上反而会走进一个更加闭塞的领域。寻找借口、解释失败是人类的一个通病，有了人类历史的那一天起，也就有了各式各样在敏感支配下的借口。

20世纪80年代中期，他从一个仅有20多万人口的北方小城市考进北京广播学院。上学的第一天，与他邻桌的女生问他："你是从哪里来的？"极平常的一句问候语，却成了他当时最大的忌讳。在他的意识里，出生于一个小城市，就代表了土气和小家子气，没有见过什么大的世面，在那些来自大城市的同学面前肯定会抬不起头来。

第九章　自我博弈：让坏情绪从思想中永远消失

就因为这个女同学普普通通的一句话，却让他在一个学期之内像沉默的羔羊一样，见到班里的女生总是躲躲闪闪，连一个招呼也不敢去打。在第一个学期结束的时候，同班的女生中，能记起他名字的人寥寥无几。

无独有偶，20年前，她也在北京的一所大学里上学。

由于自己的身体有些肥胖，大部分的时间里，她都在疑心和自卑中度过。过于敏感的她会疑心同学们在暗地里嘲笑她，评论她难看的身材。

她从来不敢穿裙子，更不敢上体育课。临近毕业的时候，她的学分还没有修够，不是因为学习不努力，而是因为她害怕参加体育长跑测试。老师说："只要你参加长跑，不管多慢，我都给你及格。"可她还是没有勇气跑。她害怕自己的身体一旦跑起来一定会显得比较愚笨，同学们肯定会在旁边讥笑她。她想跟老师解释原因，但是自卑却让她不知道该如何开口。她只能傻乎乎地跟在老师的后面，没有解释的勇气，茫然不知所措。老师回家做饭的时候，她还傻乎乎地在后面跟着。老师感到很无奈，勉强给了这个小姑娘一个及格的分数。

后来，两个人都进入了中央电视台工作，在一个电视晚会上，她对他说："假如我们在一起上学的话，可能永远不会说话。你会认为，人家是北京的姑娘，怎么会看得上我呢？而我却会想：人家那么一个大帅哥，又怎么会瞧得起我呢？"

他，叫白岩松；而她叫张越。

天下无人不敏感，而成功的人之所以成功，是因为他们能够把敏感转化为前进的动力，不断地鼓励着自己前进。身材弱小的拿破仑当上了法兰西第一帝国的皇帝，下身瘫痪的富兰克林·罗斯福当上了美国的总统，在人类的历史上写下了辉煌的篇章。

敏感的情绪可能会时刻都伴随着我们，我们无法做到情绪上的波澜不惊，但是，我们可以运用自己的聪明才智，把敏感疏引到一个正确的渠道。

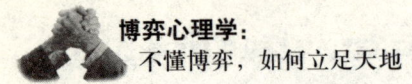

博弈心理学：
不懂博弈，如何立足天地

只有控制自己的敏感情绪，才不会让敏感如同泛滥的江河一样淹没我们的心灵，造成无法弥补的后果。

扫除内心阴暗，阳光才能照进心扉

在现代社会中，许多人都喜欢"宅"在家里，尤其是那些敏感之人。"宅男宅女"似乎成为社会的一种时尚，虽然这只是个人的一种生活方式，不会对他人造成任何影响，但是久而久之，势必会使自己愈加封闭，思想行为与社会产生偏离。季羡林老先生在给老朋友的忠告中，就提出"切忌自我封闭"，虽然他针对的是老年人，但是对当下的我们也是一种忠告。

要知道，封闭自己不仅仅是对自己空间上的限制，更重要的是思想上的禁锢，久而久之，整个人会因为看不到外面的阳光而变得阴暗起来。

有一家两兄弟所住的卧室总是十分的黑暗，因为他们卧室的窗户总是紧紧关闭着的。兄弟俩的心理也变得十分阴暗，每天都闷闷不乐的，对什么事情都提不起兴趣。这两个孩子每次看到外面阳光灿烂，心里面便非常的羡慕，渴望把这样的阳光也带到自己的卧室里面来，于是他们商量决定，把阳光用扫帚扫一点进来。

他们便开始行动，一个拿扫帚一个拿簸箕，跑到阳台上认真地去扫阳光了。等他们小心地把扫进簸箕里的阳光搬到房间里的时候，阳光却不见了。

他们十分诧异，便一次一次地扫了很多次，阳光还是到了屋子里面

第九章　自我博弈：让坏情绪从思想中永远消失

便不见了。这时候妈妈看到了这两个孩子的举动，好奇地问道："你们这是做什么呢？"兄弟俩说："我们要扫一些阳光到屋子里，因为里面太黑暗了。"妈妈笑着跟他们说："亲爱的孩子，你们去把窗户打开试试，看阳光是否进到屋子里了。"

如果将窗户紧闭，阳光自然是无法进来的。如果我们把自己的心门关得太严密了，快乐的阳光也无法进来驱散不良的情绪。

起初我们每个人的心扉都是敞开的，内心充满了温暖的阳光。然而随着年龄的增长和经历过种种挫折、失败之后，心中的大门就难免会关闭，只留下黑暗和阴影。总是害怕别人会窥视到自己的秘密和伤痛，总是担心有人会伤害到自己脆弱的心灵。于是，在与别人相处的过程中，变得越来越敏感，没有了真诚和信任，有的只是人为的高墙和不可逾越的鸿沟。

很多时候，我们的心也会泛起阵阵涟漪，也想敞开心扉使紧闭的心灵舒一口气。然而当我们打开一点点小缝，却发现别人的心依然如故，于是我们怕了，退缩了。因为我们还在乎那不值一文的可怜的自尊，担心自己的一相情愿会换来别人的冷漠相对，于是宁愿退回到自己的心墙之内，再也不敢跨出半步。

另外，当我们在生活中遇到不快的时候，最好的方式就是将自己平时的不良情绪以适当的方式发泄出来，及时地敞开心扉，给我们的内心增加一些快乐的阳光。其发泄的方式也是多种多样的，如与家人一起外出度假，多出去散步，多出去运动，等等。

只要光明进来了，一切阴霾都会烟消云散。所以，不要再犹豫了，打开心灵的窗户，让阳光及时照进来吧！

扫除内心的黑暗与阴影非常简单。只要把自己的心扉敞开，让阳光照进来就可以了。无论别人怎样对待我们，如何去做，因为我们是我们自己，不是别人。我们所做的一切，都是为了自己。当我们真正打开心扉时，就会觉

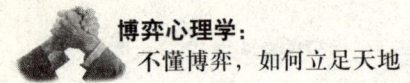
博弈心理学：
不懂博弈，如何立足天地

得天地真的很宽敞，心的舞台很宽阔。

别想着依靠别人，挺直自己的腰杆

有很多人，总是希望寻找一个依靠，寻找一个能够带给自己安全感的人，但是，如果一直都需要别人的帮助和依靠，自己无法独立在社会中立足的话，那又如何顶天立地，去创造一番属于自己的事业呢？

一代大教育家陶行知老先生有一首诗写得好："滴自己的血，流自己的汗，自己的事情自己干，靠天靠地靠老子，不算是好汉。"知识、智慧、汗水才是人生最可信任和依赖的。人常说"靠人种地满地草，靠人盛饭一碗汤。"靠父母都靠不了一辈子，更不用说是其他人了？只有自己才是这个世界上最可靠的人。我们应该养成自强自立的好习惯，而不是依赖他人。

一个事业成功的朋友意味深长地讲过他年少时的一个故事。

小时候学溜冰时，父亲发现他还在借助椅子的力量去练习，父亲二话不说，直接将椅子从他手中撤走。

没有了平衡点的支撑，他顿时脚下打滑跌了个仰面朝天，哭着喊着要求父亲把椅子还给他。

对于他的哭喊，父亲无动于衷，丝毫没有还给他椅子的意思，他只得自己站起来。

他在这个时候才发现，想要学会溜冰就必须依靠自己去摸索，而不是去借助椅子的平衡。

第九章　自我博弈：让坏情绪从思想中永远消失

"没有人带着椅子滑冰的！"父亲对他说着，"不要养成对别人依赖的坏习惯，自强自立才能使你在这个世界上活得更好！"

无论我们是否像这位朋友一样，幸运地拥有这样一位慈爱的父亲，能让我们尽早离开依靠的座椅，我们都应该学会自己站起来，学会主动去掉依靠的座椅，让自己得以成长。

或许我们听说过这个寓言故事。

小蜗牛看到其它虫类没有负累，而自己身上却背了一个重壳，不禁好奇地问妈妈：我们干嘛要背着这个又重又笨的家伙呢？

妈妈说：因为我们的身体没有骨骼的支撑，只能爬，又爬不快，所以要这个壳的保护。

小蜗牛：毛毛虫爬得也不是很快啊，但是人家怎么不用背呢？

妈妈说：因为它可以破茧成蝶，飞向自由的天空啊。

小蜗牛又反问道：还有蚯蚓也爬得很慢啊，它没有翅膀，妈妈，你看它就没有这个又笨又重的壳？

妈妈笑着说：蚯蚓虽然爬得慢，但是它可以钻到土地里，大地会保护它。

小蜗牛这时哭着说：那我们蜗牛也太可怜了，既不能飞向广阔的天空，也得不到大地的庇护，难道就没有谁能帮助我们吗？

蜗牛妈妈安慰他：我们谁都不靠，因为我们有壳保护，我们唯一可以依靠的就是自己。

蜗牛背上有壳，我们身上有手。只要有双手，我们就能靠着自己的双手去打拼，就能自己站起来。经常给予自己这样积极的心理暗示，才能引导我们向积极的方向迈进。美国总统约翰·肯尼迪从小就是"在没有依靠的座椅

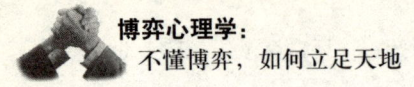

博弈心理学：
不懂博弈，如何立足天地

上成长的"。

有一次，他们一家人坐着马车外出游玩。由于马车速度太快，肯尼迪在一个拐弯处被甩了出去。当马车渐渐放缓停下来的时候，他本以为父亲会过来把他扶起来，但父亲坐在车上动都没动，反而还抽起了香烟，看样子根本没有下来的意思。

他叫道："爸爸您过来扶我起来啊。"

"你摔疼了吗？"

肯尼迪带着哭腔说："是的，我已经没有力气站起来了。"

"那你也要靠自己站起来，爬上马车。"

肯尼迪倾尽全力艰难地爬上了马车。父亲摇着鞭子问："别怪爸爸这样做，我这样做自有我的道理，你知道这是为什么吗？"

肯尼迪不解地摇着头。

父亲接着说："人活在这个世界上就是这样，从哪里摔倒就从哪里爬起来接着奔跑。不论是什么时候都要依靠自己，因为没有谁能帮你一辈子。"

只有自强自立的人，才能独立于世，才能力超群雄，开拓自己的天地，得到他人的认同。学会做自己命运的主人，善于分配自己的时间，积极进取，这才是成功的重要前提。如果我们连自己的人生都掌控不了的话，总是借助别人的力量前行，习惯于对别人的依赖，那么我们的人生终将一事无成。

法国作家雨果写道："我宁愿靠自己的力量打开我的前途，而不愿求有力者垂青。"人生在世，想要获得美好的前途主要取决于自己，成败都由自己所做出的选择决定，依赖只会让我们看不到光明，懦弱地度过一生。英国历史学家弗劳德说："一棵树如果要结出果实，必须先在土壤里扎下根。

第九章　自我博弈：让坏情绪从思想中永远消失

同样，一个人也需要学会认识自己，依靠自己，尊重自己，不接受他人的施舍，不等待命运的馈赠。只有在这样的基础上，才可能做出成就。"依赖别人，就会失去独立思考和行动的能力，意志力就会被消磨掉。离开习惯的依靠，就能挺直腰杆做自己。

不懂忍耐，道路遍布荆棘

古今中外，凡事能够成就大事的人都具备一种优秀的品质，那就是忍耐。忍他人所不能忍，容他人所不能容。善忍之人能屈能伸，这样才可谓是真正的大丈夫，换句话说，忍耐是处世的哲学，是人生智慧之大成。

有人讲"处世让一步为高，退步即进步的阶梯；待人宽一分是福，利人是利已的根基"，细细品来很有道理，为人处世，忍让才是最高明、最根本的智慧。人生在世，处处争强好胜，妄露锋芒，并不是什么聪明的行为，俗话说枪打出头鸟，谁先凸显出来，谁就有先被打掉的危险。

《庄子·人世间》中曾经记录过这样一个故事，甚是耐人寻味。

来到齐国曲辕的匠人石，看见了一棵巨大无比的栎树，而这棵栎树被当地人视作神树。这棵树的树冠可以遮蔽树前数头牛，树冠之大可想而知，树干就有数十丈粗，树梢离地面八十尺处方才分枝，要是用它造船的话，可以造十几艘。观树之人络绎不绝，而匠人石却不看一眼，继续前行。匠人石的徒弟看了大树半天，气喘吁吁地赶上了匠人石，问道："自我跟随师父起，还未曾见过这般树木。但师父为什么看都不看

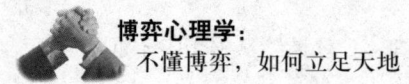

博弈心理学：
　　不懂博弈，如何立足天地

一眼呢？"匠人石回答道："快别提它了！如果用它造船，船必沉没，做棺椁会很快腐朽，做成器皿会坏得更快，做为屋门之材定不合缝，做为房梁定遭虫蛀。这树不是什么可造之材，所以才活到这般年纪。"

　　回到家后，匠人石梦见栎树对他说："你用什么和我比较？是不是你想用那些可造之材和我相比？还是那些果树？那些果树待到成熟之时果子就会被打落在地，果子被打落后，遭到摧残的就是枝干，大小枝干会被通通折断。正是因为那些鲜美果实才苦了它们一辈子，招致人们的打击，所以，它们常常不能寿终正寝，导致半路夭折。各种事物也不过如此而已。我曾经被人砍得半死，几乎要了我的性命，最后我得以保全，思来想去，我最大的用处就是无用。要是我真有用，还能颐享天年吗？你怎么能用这样的眼光看待事物呢？你不过是将死之人，又怎么会真正理解不是可造之材的树木呢！"

　　最"无用"的反倒最长久，这不正是委曲求全的道理所在吗？一棵参天的古树，却要用弯曲的树枝、低劣的木质、树叶的怪味等来伪装自己，以使自己逃脱被人类砍伐的命运。老树况且如此自保，人类处世的道理不也应该如此吗？

　　但实际上，我们总喜欢把自己比别人的高明之处表现出来，恨不得我们自己得到所有人的崇拜，这种误区往往会让自己钻牛角尖，最终树敌无数。古人说"藏巧守拙，用晦如明"，想要平静淡然地生活，就不要妄露锋芒，否则"功高盖主，主必压之"，尤其是在上司面前卖弄自己的聪明，是最不明智的选择。

　　以下这个例子足以说明：

　　韩信身为汉朝开国第一功臣，曾多次献出妙计，定三秦，率军俘魏王，活捉越王歇，收燕荡齐灭楚，最后逼得项羽在垓下自杀。司马迁曾

第九章 自我博弈：让坏情绪从思想中永远消失

经说过："是韩信打出汉朝一半的天下。但他犯了功高震主的大忌。"刘邦曾经这样问过韩信："你看我能统兵多少？"韩信说："最多不过十万。"刘邦又问："那你又能统兵多少？"韩信不敛锋芒地说："多多益善。"刘邦因为这样的回答而颜面扫地，耿耿于怀于韩信。在打仗方面，刘邦确实不如韩信，但韩信不懂得身为人臣要收敛锋芒，相反却又常常在刘邦面前锋芒尽露，最终险些丢了性命。

"韩信甘受胯下之辱"的这个故事人尽皆知，为此，韩信被人们称为"能屈能伸"的大丈夫，后来，他也凭借着自己的本事闯出了一片天地。但在收获丰功的同时，他不懂得收敛锋芒，一味在主公面前贬低对方，抬高自己，这样的人，谁能容忍。一个曾经的英雄最后竟是死于狂妄自大，哀哉！

往往越是急于表现自己的人，越是被认为你是过于急功近利的人。卑躬屈膝不算是忍耐，委曲求全也不是屈服于命运的表现，只是衡量轻重后的一个自保的策略。忍耐的过程也许漫长而又痛苦，但是没有忍耐的考验和磨难的锤炼，我们又怎么能有能力扼住命运的咽喉？

一个不知委曲求全的人，纵有天大的本领也无用武之地。所以说，只有学会委屈求全，做到能屈能伸，才能够实现自己更大的人生目标。

你不驾驭生命，生命就会驾驭你

"要么你去驾驭生命，要么是生命驾驭你。你的心态决定谁是坐骑，

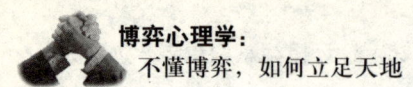

博弈心理学：
不懂博弈，如何立足天地

谁是骑师"。这句名言在许多人心里被奉为经典，它充分说明了心态的重要性。

不夸张地说，心态决定了一切。这不是唯物主义和唯心主义的辩题，而是切切实实存在的道理。世间众生，原本并没有太大的不同，可是为什么有人成功，有人落魄呢？除去先天条件、运势、环境等外在条件外，大多数失败者与成功者在思维方式，也就是心态上有着很大差别。怀有远大抱负的人，往往内心坚定，充满自信，意志顽强，他们相信只要自己不放弃，一直努力，就能扫除人生道路上的种种障碍，获得成功。而对于那些意志薄弱、优柔寡断的人来说，偶尔的挫折是可以忍受的，但如果总是遇到障碍，他们就会很快坚持不下去。因为他们缺乏积极的心态，一遇到困难就会质疑、动摇自己的想法，想的不是怎么克服困难取得成功，而是如果失败了怎么办。俗话说，狭路相逢勇者胜。在与困境的较量中，考验的就是有没有一个勇敢坚定的好心态，如若没有，可能一上来就会自乱阵脚，更别提突破困境，傲然胜出了。

任何事情都不会无缘无故地发生，我们事业成败与否就在于我们的思想、心态能否为创造我们恰当的条件。我们做事情的结果往往与我们对事情的认识和定位以及心态相一致。为了有所成就，我们应该保持积极、富有创造性的思想，对事情有准确的心理预期，在执行过程中不被消极、沮丧的坏情绪占领头脑，用好的心态为自己扭转局面，创造成功。

佛经里谈道，"物随心转，境由心造，烦恼皆由心生"。一个人快乐与否也取决于他的心态。月有阴晴圆缺，人有悲欢离合。生活中的喜怒哀乐、悲欢离合在所难免，我们不能控制自己的遭遇，但可以调控自己的心态。

美国有一位塞尔玛女士，有一段时间她的内心很痛苦，觉得生活很煎熬。因为她的丈夫是一名军人，于是她也随军驻扎到了沙漠地带，营

第九章　自我博弈：让坏情绪从思想中永远消失

地里都是铁皮房，没有任何娱乐设施，与当地的印第安人、墨西哥人语言也不通；沙漠里的气候很恶劣，气温高时似乎能挤干人身上的水分；更糟的是，没多久她丈夫就奉命远征去了，把她孤零零地留在营地受着煎熬。她整天愁眉不展，感觉度日如年。

郁闷中她写信向父母倾诉。回信很快到了，她迫不及待地拆开，却没有看到所期盼的任何安慰。信封里只有一张薄薄的信纸，上面只写了一句话："两个人从监狱的窗户往外看，一个看到的是地上的泥土，另一个看到的是天上的星星。"

一开始她失望极了，甚至有几分生气。因为她觉得父母不仅不能理解她的苦衷，还说这样莫名其妙的话，于是她没有回信，把信随便丢在桌子上。有一天百无聊赖中，她站在窗边往外看，一眼就看到了外面让她心生厌恶的沙漠。灵光一现，她突然明白了父母回信的意思。外面的风景有很多，她只注意到了枯燥乏味的东西，而忽视了有意思的景象。正是她的选择，影响了她的心理，继而影响了她对整个事情的看法。要是换一种心态，换一个视角，看到的一定是不同的景象。

她这么想着，也开始这么做了。这之后，她开始主动和当地人交朋友。虽然最开始只能靠手舞足蹈地比画，但她还是发现这些当地人并不像她想象得那样粗鲁无礼，他们都十分热情好客，慢慢地都成了朋友，还送给她许多珍贵的陶器和纺织品作礼物。她还开始到营地周围的沙漠里去散步，研究那里的仙人掌，一边研究，一边做笔记。通过研究她发现，原来仙人掌也可以是千姿百态、让人沉醉着迷的。那些仙人掌在恶劣的环境下仍然茁壮成长、生生不息，这让她觉得很震撼，也对生命多了一分思考和敬畏。她也开始欣赏沙漠的日出日落，看到了沙漠夜间静谧浩瀚的星空，感受着沙漠特有的自然风光。她发现生活仿佛一下子翻到了充满快乐的那一页，每天都充满了生机，置身于愉悦之间。后来她回到美国后，根据自己的这一段经历写了一本书，叫《快乐的城堡》，

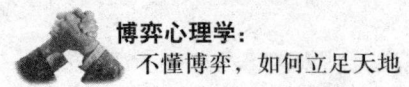

博弈心理学：
不懂博弈，如何立足天地

引起了很大的轰动。

事情就是这样令人费解。对塞尔玛女士来说，前后仿佛是在不同的两个世界生活：一个枯燥乏味、充满折磨，一个风景优美、快乐活泼。事实上，塞尔玛女士所处的环境并没有发生改变，沙漠、铁皮房、高温、仙人掌、当地人等，都还是原来的样子，那为什么她的行为和心情前后发生了这么大的改变呢？很明显，是她的心态变了，所以收入眼中的一切都变得可爱起来了。过去她习惯性地低头看泥土，选择事情消极的一面；后来她习惯性地抬头找星星，选择了事情积极的一面。可见，心态变了，生活就能发改变。

所以，如果你不满意自己的环境，想力求改变，首先就应该改变自己的心态。假如一个人有积极的心态，那么他周围所有的问题都会迎刃而解。积极的心态是心智的健康营养，它能让一个人充满自信、受人喜欢、知足常乐、备感幸福，更重要的是它还能让人改变自我、改变世界。

有个粉刷匠被一位太太请到家里粉刷墙壁。到了那儿，粉刷匠见到了那家的男主人，那是个爽朗健谈的人，可惜双目失明，粉刷匠对此觉得很惋惜。可是男主人却好像丝毫不在意自己看不到，每天都有说有笑，他们的家虽清贫却总是充满了欢声笑语。粉刷匠在那家工作得很开心，他和男主人很谈得来，他们谁也没提起过失明的事儿。

完工结账的时候，那位太太发现账单在原本说定的价钱上打了很大的折扣。她问粉刷工："怎么少收这么多？"粉刷匠回答说："你先生使我觉得很快乐，他的心态影响到了我。我从前总是喜欢怨天尤人，现在我才发现自己的境况没有那么糟。所以少算的那一部分，是表达我对他的谢意。"

那位太太感动得流下了眼泪，因为这位慷慨的粉刷匠，只有一

第九章　自我博弈：让坏情绪从思想中永远消失

只手。

故事中的两位主角都很值得我们钦佩，他们没有因为人生的苦难而抱怨，身残心不残，健康积极的心态仿佛阳光，不仅照亮了自己的生活，也照进了别人的世界。

就像那句话说的那样：你不能延长生命的长度，但你可以扩展它的宽度；你不能改变天气，但你可以左右自己的心情；你不可以控制环境，但你可以调整自己的心态。好的心态，可以让你乐观豁达，帮你战胜困难挫折，保持生理和心理的健康，得到幸福和快乐。培养一个好的心态，在它的指引下尽情书写自己的人生吧。

看淡一切，随遇而安的生活

台湾版《倚天屠龙记》的片尾曲《随遇而安》让人记忆深刻：万般恩恩怨怨都看淡，不够潇洒就不够勇敢，苦来我吞酒来碗干，仰天一笑泪光寒，滚滚啊红尘翻呀翻两番，天南地北随遇而安……

随遇而安，人们大都很喜欢这个词，想一想，一个人无论境遇如何，是深入侯门也好，是隐于草泽也罢，都总能够以一种淡定自若的态度来对待人生，这该是多么潇洒啊！想来古代侠客也正是有着这种"苦来我吞，酒来碗干"的"天南地北随遇而安"，才能看淡生死，笑傲江湖吧。

什么是随遇而安，就是无论处在什么样的环境中，无论外物是好还是坏，我们的心总能够淡定如一，不因为外物的好坏而改变心境。就如同一粒

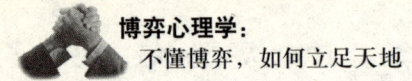
博弈心理学：
不懂博弈，如何立足天地

生命力顽强的种子一样，无论是被撒在肥沃的土地上还是贫瘠的土地上，都能开出鲜艳的花朵。

在某个寺院的后院里，光秃秃的土地暴露在炎热的阳光之下。此时正值盛夏，因此后院这番光景更让人心焦得慌。于是，小沙弥便跑去请示老和尚，想要给光秃秃的土地增添一点生气。小沙弥跑到老和尚的禅房说："师父，让我给后院撒上一些草籽儿吧！那光秃秃的草地实在太难看了。"师父赞许地看着小沙弥说："可以，等天气凉快一点儿吧！"

转眼间中秋到了，小沙弥拿着自己采集的草籽儿兴高采烈地跑到了老和尚的禅房，让老和尚和自己一起去撒籽。然而，当小沙弥在后院打开草籽儿袋子刚想撒籽时，一阵秋风却把草籽儿吹落了一地，随即不知道飘到了何方。小沙弥急得喊了起来："师父，不好了！许多草籽儿都被风给吹走了！"

看着小沙弥着急的模样，老和尚不动声色地说："没关系，留下来的是最好的，被风吹走的大多数是空的，种下去也不会发芽，随它去吧！"

小沙弥听完师父的话，开心起来，准备把剩下的草籽儿播种下去。可谁知，刚刚种下的草籽儿又引来了一大群麻雀。小沙弥急得直跺脚，并大叫起来："师父，不好了，不好了，刚刚种下的草籽儿又遭到麻雀的袭击，草籽儿都让它们给吃了，这下可完了。"师父和颜悦色地说："不用担心，麻雀吃去的只是一小部分，那么多的草籽儿，麻雀是吃不完的，顺其自然吧！"

播种的那天夜里，忽然下了一阵暴雨。小沙弥早早地起来去看他昨天种下的草籽儿，看后马上返回去找老和尚，说："师父，这下可完了，草籽儿都让雨水给冲走了！"老和尚温和地说："没关系，冲到哪儿就让它在哪儿发芽生根，一切都让它顺其自然吧！"

第九章　自我博弈：让坏情绪从思想中永远消失

半个月后，小沙弥惊奇地发现，原来那片光秃秃的后院中居然长出了一片青翠可人的绿色小苗，而且以前没有撒种的地方也有绿意泛出。

小沙弥高兴得合不拢嘴，他想尽快将这个好消息告诉师父，于是三步并作两步地跑到了师父的房间，对师父说："师父，太好了，咱们种的草籽儿发芽了，而且没有播种的地方也有小草长出来。"师父眯起笑眼，慢慢地点着头说："顺其自然、顺其自然。"

从这个故事中，大家也一定领悟到禅理了吧。人生于天地之间，境遇就如同这草籽儿一样，很难被自己所把握。既然把握不了，那就学会随遇而安吧，什么样的生活不是人生呢？

当年苏东坡以一篇《刑赏忠厚之至论》震惊朝野，一时成为满朝瞩目的焦点，那是何等的风光；然而"乌台诗案"一发，他瞬间被贬出朝廷还差点身首异处，又是何等的凄惶。然而无论是风光还是凄惶，东坡先生却始终能够坦然处之。无论被贬黜到哪里，东坡先生都能随遇而安，并尽自己最大的可能实现自己的抱负，为国为民尽自己的绵薄之力，终于成为一代名士。

"夜饮东坡醒复醉，归来仿佛三更。家童鼻息已雷鸣。敲门都不应，倚杖听江声。长恨此身非我有，何时忘却营营？夜阑风静縠纹平。小舟从此逝，江海寄余生。"从这一曲《临江仙》中，我们不难看出东坡先生那豁达的人生态度。

随遇而安，说到底讲究的是一个"随"字，随缘、随分、随意、随遇，总之是一切顺其自然。但是，随遇而安绝不是怨天尤人、悲观失意，而是顺应事物发展的自然规律。所以"随遇而安"的生活态度，其实是指能使自己较好地适应周围的生活环境，无论它发生多大的变化，也能入乡随俗，随方就圆。

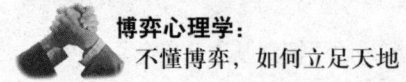
博弈心理学：
　　不懂博弈，如何立足天地

　　当我们陷入一种不好的境遇，又无力改变现状的时候；当我们生活突然发生变故，需要重新开始的时候；当我们想摆脱目前的现状，却不知道下一步该如何去做的时候，不妨随遇而安吧。随遇而安是一种适应，更是一种接纳，它需要一个人有足够的勇气和胆识来接受新的困难和挑战。不抱怨，做好自己现在的事情，享受踏实的现实生活，并默默地寻找时机，这才是最好的应变能力。

　　不少人在遇到不如意时，首先不是想办法解决问题，而是喋喋不休地抱怨，为自己的失败找借口，那只会徒增自己的苦恼。这种人计较得太多，未必会得到很多。在遇到问题时，第一要做的就是接受它，然后做自己当下能做的事情。一个和尚问师父什么是佛。师父问："你吃饭了吗？"和尚说："吃过了。"师父说："那就洗碗去。"其实，道理很简单，吃饭之后，就去洗碗；该睡觉时，就去睡觉。守住自己清净自然的本心，不被外境所迷，不被妄念所转，这才是安住当下。

　　当然，随遇而安的最终结果是建立在对生活的追求和目标上。它并不是让人变得庸庸碌碌，而是帮助我们尽量克服在遇到人生障碍时产生的躁气，保持头脑冷静，在现有的条件下做到最好，同时寻找最适合自己的出路。

　　生活中的事情往往是这样的，有时求都求不来的东西，反而在不经意间就来到了身边。在人世要随遇而安，不用想太多，只要尽力做就行了。

第九章 自我博弈：让坏情绪从思想中永远消失

当改变不了世界时，想着去改变自己

著名国学大师南怀瑾先生说过：一般人都知道："人活着要有用处，有价值。其实，人生的价值，自己觉得没有用的，才是最有用的。老老实实，规规矩矩活一辈子就好了，这是庄子的理论。这表面看似是非常消极的，对于社会、世界和人生都是带有讽刺意味的。其实他只是在向我们传递一个道理，便是'世路难行'，这一点也不讽刺。世路既然难行，我们要想使生命获得价值，就要懂得去适应环境，否则会招来许多不必要的磨难或伤害。"

南怀瑾又说："过去历史上的一些人物，也不错啊！为什么呢？他们有理想，有抱负，在尚未得志时，不妨在个性上将就别人一点，先取得他人的信任，与他合作以后，再慢慢地引导他们走上大道，'先合作，然后引之大道。'那也是一种处世的办法呀！"

其实，南怀瑾所谓的"世路难行"以及"先合作，然后引之大道"，简言之就是，我们周围的环境是很难改变的，我们要生存，要使生命获得价值，就要去努力改变自己，适应环境。也可以说，是"先生存，后发展"。南怀瑾就是这样做的。

在抗日战争时期，南怀瑾曾经流落到四川。当时他为了找碗饭吃，为了生存下去，就来到一家报社。刚进去，他就看到柜台后面坐着一位老头子，便走过去请安，并问能否在这里找到一份差事。那位老头子上下将他打量了一番，问他是哪里的人，不是日本人吧。在当时，中国人

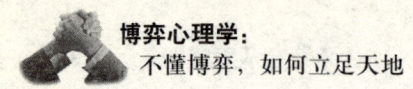
博弈心理学：
不懂博弈，如何立足天地

都极恨日本人或者汉奸。当时南怀瑾就急忙说道："我是浙江人，逃难到此，就是想找一份能活命的差事。随便什么差事，哪怕是倒茶扫地都可以干。"

这时候，报社里面的一位老板看到他了，伸出头让他进去。于是，南怀瑾便又述说了一遍自己的状况：初来此地，没有亲人投靠，没有饭吃。老板便说："那好，你来我这上班吧，我这缺一个清洁工，就是给我们扫地的。"南怀瑾当即就答应在那家报社当清洁工了。

有一天，报社的老板将他叫过去，对他说，看样子你不像干这种活的人，就问他会不会写文章。南怀瑾也不敢妄自说话，便说自己学过一些"子曰诗云"，老板便出了一个题目，让他写篇文章来看看。南怀瑾便写了，老板看了文章之后特别满意，立刻就让他当了报刊的副编辑。

在当时，报社也就那几个人，所谓的编辑，除了经常写文章外，什么杂事都要处理。不过，对于南怀瑾来说，多吃点苦根本不算什么，只要自己有立足的地方，有碗饭吃，就知足了。

所谓"大丈夫能屈能伸"，南怀瑾早在当年就已经深谙了"弯曲"的处世哲学。为了解决自己的生存问题，他宁愿放下文人的架子，从扫地做起，后来才赢得个人进一步的发展。

在现代社会中，更是需要这种"先适应，后改变"的曲线生存法则。随着生活节奏的加快，越来越多的人开始变得敏感、开始不停地抱怨。工作丢了，怪领导没眼光；人情冷漠，怪同事不友善；住房不好，交通不便，行业前景不佳……将自己的痛苦全部都推给社会，总是苛求客观因素的不如意，而自己完全像没事人一样，主观上不去努力改变自己，去适应环境。这样的人生注定是失败、消极的人生。

生活中难免有不如意之事，但是若不去抱怨，就会发现，生活中的一切不如意都有解决的方法。恶劣的处境绝对不会因为几句抱怨就发生转机，有

第九章 自我博弈：让坏情绪从思想中永远消失

时候可能还会让自己处境更加的糟糕。遇事切勿一味抱怨，要冷静沉着，努力去接受现状、改变现状，只有这样才能涤除心中的不满。

很久以前，在非洲的一个国家，人们都是不穿鞋，赤着脚走路的。

国王有一次去一个偏僻的乡下，但是那里路面崎岖，十分难走，很多细碎的石子深深的刺痛了这位国王的脚板。于是国王回到王宫之后，颁布了一道命令，要把国内所有的道路都铺上牛皮，他觉得只有这样，自己的国民走在上面，才不会被崎岖的路面刺到脚板。自己是做了一件利国利民的好事。

可是国王忘记了土地辽阔，这么多的道路，即便是把国内的牛全部杀光，也远远不够铺路所需的牛皮，而且花费的资金、人力、物力，更是难以想象。人们深知国王颁布了一道愚蠢的旨令，而且这件事情是非常难以做到的，但是没有人敢违抗命令，所有的人都敢怒不敢言。

但是，有一位聪明的大臣，这个时候便大胆地向国王提出了建议："敬爱的国君！我们为什么要花费这么多的金钱、人力、物力和资源呢？何不用两小块牛皮包裹住脚，这样也节省了很多的资源呀！"国王听了之后觉得非常有理，十分高兴地收回了命令，采纳了这个建议。于是，后来便有了"皮鞋"。

改变世界过于异想天开，但是我们可以改变自己。如果我们现在正在处于艰难的环境中，或者对现在的现状不满，那么不要抱怨，改变一下自己的想法和心态，努力去适应、去面对，一定很快便有转机。

古希腊的哲学家柏拉图曾经向弟子们称自己会移山术，弟子们纷纷都去向柏拉图请教方法。柏拉图便说："很简单，山若不过来，我就过去。"其实，世间哪里有什么移山之术呢？柏拉图是要向人们传达一个哲理。当我们无法改变现状和所处的环境之时，便自我改变。和"山不过来，我便过去"

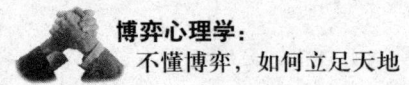
博弈心理学：
不懂博弈，如何立足天地

同属于一个道理。

最后，让我们永远记住在威斯敏特教堂地下室，英国圣公会主教的墓碑上写着的这样一段话：

  当我年轻自由的时候，我的想象力没有任何局限，我梦想改变这个世界。

  当我渐渐成熟明智的时候，我发现这个世界是不可能改变的，于是我将眼光放得短浅了一些，那就只改变我的国家吧！

  但是我的国家似乎也是我无法改变的。

  当我到了迟暮之年，抱着最后一丝努力的希望，我决定只改变我的家庭、我亲近的人——但是，唉！他们根本不接受改变。现在，在我临终之际，我才突然意识到：如果起初我只改变自己，接着我就可以依次改变我的家人。然后，在他们的激发和鼓励下，我也许就能改变我的国家。再接下来，谁又知道呢，也许我连整个世界都可以改变……

人生漫漫，前途坎坷。既然我们不能去改变周围的一切，那就改变自己吧。不要一味地去苛求周围的环境，或者空谈自己的际遇，实在是劳心伤神，毫无半点意义可言。所以在艰苦的环境中，唯有自我改变，才能克服困难，改变现状，战胜挫折，实现梦想。

第九章 自我博弈：让坏情绪从思想中永远消失

悲伤或快乐，皆有我们内心而定

国学大师翟鸿燊在一次讲座中这样说："思考不仅仅是用脑袋，而是用心性来思考。中国传统文化中的这个"心"，不是指心脏，是心智模式、心性……看到这张脸就知道你的内在，这是很关键的。相由心生，改变内在，才能改变面容。一颗阴暗的心托不起一张灿烂的脸。有爱心必有和气；有和气必有愉色；有愉色也必有婉容。"这段话实际上是告诉我们，人外在的一切表现都是由心所生：快乐、悲伤、烦恼、痛苦、敏感的表情皆是内心的反应，它不受外界任何因素的制约。对于同样的事物，人的心态不同，其结果也是不同的。

关于此，有这样一则故事可以说明：

从前有一个小和尚，他刚到一个寺庙不久，老和尚分配给他的任务便是每天把寺庙的院落清扫干净。

时值秋季，寺院里面有很多落叶。所以，清扫这些落叶便成了一件苦差事，小和尚每天都要花费很多的时间才可以将落叶清扫完毕。但是，每一次秋风过后，落叶便又再次飘舞飞落，小和尚便要继续打扫，这让他痛苦不已。

其他的和尚给他出主意："你每天在扫院落前先用力摇树，把那些将落的叶子晃下来，便不用连续打扫啦。"小和尚觉得非常有道理，于

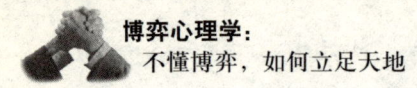
博弈心理学：
不懂博弈，如何立足天地

是按照这个方法实行了，他清晨起了大早，奋力摇树，然后自认为把今明两天的落叶都一次清扫干净了，这让他一整天都心情大好。

谁知第二天，小和尚刚到院子便傻眼了，落叶依旧铺满地。这个时候老和尚走了过来，垂眉低语道："无论你今天如何用力，明天的落叶依旧会飘落的。"小和尚听了终于顿悟，是啊！世界上很多事情是不能提前的，认真地做好当下才是最为真实的人生态度。忽然间小和尚的内心产生了一种满足和快乐感，他内心所有的苦恼、疲惫、绝望统统消失得无影无踪……小和尚认识到清扫落叶这份苦役蕴涵的哲理，于是他不再抱怨和焦虑了。

小和尚先后做的都是同样的事情，但是由于不同的心态，取得的效果也是不同的。当他将清扫落叶当做一种苦役时，心中就充满了烦恼、痛苦和绝望；当他将清扫落叶当做一件有意义的事时，心中便充满了满足和快乐，最终也获得了心灵的解脱。

由此可见，任何烦恼和快乐都是由我们内心决定的。如果我们用悲观的心态看待事物，最终得到的也只是烦恼和痛苦；而当我们用乐观的心态看待事物时，就能够得到快乐和满足。

约翰·杰西已经过了不惑之年，他最为在乎和担心的是自己的两个可爱的儿子。他们虽年龄相仿，但是脾气秉性却大相庭径。大儿子路易斯生来悲观，总是一副忧心忡忡的样子；而二儿子亚德却生来活泼，每天都乐呵呵的。为了让路易斯快乐，约翰平时也对他加倍偏爱。

有一年的圣诞节前夕，约翰·杰西想试试自己的两个孩子，于是便特意给他们准备了完全不同的礼物，在夜里悄悄地挂在了圣诞树上。

第九章　自我博弈：让坏情绪从思想中永远消失

第二天早晨，哥俩早早的便起床了，兴致勃勃地想知道圣诞老人给自己的礼物。哥哥路易斯接到了很多的礼物，足球、崭新的自行车、气枪、羊皮手套等等，可是他一件件取来的时候却越来越不高兴。于是父亲问道："怎么？这些礼物你都不喜欢吗？"路易斯难过地说："你看这气枪，若是我拿出去玩，说不定会因为打碎了邻居家的玻璃而遭来一通责骂。这自行车虽然漂亮，但是若是撞在树干上我受了伤怎么办？这羊皮手套虽然好，但是保不准我带着出门就会挂在树枝上，也会增添许多烦恼。足球更不要说了，我总有一天会把它踢爆的，到时候可怎么办啊！"说完竟大哭起来。父亲看到这些，于是什么都没有说便出去了。

刚一出门，便看到自己的小儿子，拿着自己给他的一个纸包笑个不停。父亲大惑不解，因为纸包里面什么都没有，只有一包马粪，父亲实在不明白小儿子圣诞节收到这一包马粪作为礼物如何能够笑得这么开心。于是父亲问小儿子："你为什么这么高兴？"他边笑边说："我的礼物是一包马粪，我想一定有一匹小马驹在我们家里呢。"随后他开始寻找，果然在自己家屋后面找到了一匹小马驹，随后亚德开心地大跳大笑，父亲见此场景，也开心地笑了起来。

快乐或悲伤完全取决于我们的内心，乐观的情绪无论看到什么都能看到光明的一面，而悲观的心理总是抓着黑暗的那面不放，得到什么，都不会快乐。快乐源自于内心，并非是可以通过外界的一切金钱财物可以得到的。而悲观却是自己酝酿而成的，如同苦酒一般，自酿自尝，不应该抱怨周围的一切人和事物。

在生活中，我们内心忧虑最大的来源并不是外界的"危险信号"，更多的时候是来源于我们内心的一些想法。比如：我们总是会担心失业，担心身

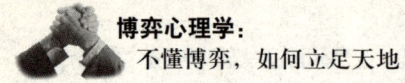
博弈心理学：
  不懂博弈，如何立足天地

体的一些疾病，担心意外的事件等等。

生命匆匆，只是一个过程而已。快乐是一天，悲伤也是一天，与其在烦恼和痛苦中度过，不如快乐、幸福地过好每一天。

快乐或悲伤皆由我们的内心所生。我们要想获得更多的快乐，就应该摒弃内心的所有烦恼和痛苦，让阳光和希望时时刻刻照亮我们的心灵，并指引着我们向幸福的彼岸，快乐前行！